대표

Die 12
TAEKWONDO
HYONG's

Die Präzisionsübungen des Taekwondo

von
Michael Unruh 5. Dan

mit freundlicher Unterstützung von
M. Zakrzewicz

mit 424 Fotografien von
A. Vogt und R. Labeit

und 12 Diagrammen

8. Auflage
1997

VERLAG WEINMANN — BERLIN

Die Deutsche Bibliothek — CIP-Einheitsaufnahme

Unruh, Michael:
Die 12 Taekwondo Hyong's / von Michael Unruh.
Mit Fotogr. von A. Vogt und R. Labeit
und 12 Diagrammen. —
— 8. Aufl. — Berlin : Weinmann, 1997
ISBN 3-87892-049-0
NE: Unruh, Michael: Die zwölf Taekwondo Hyong's

Repro: GEPRO G.m.b.H
Gesamtherstellung: Hildebrand

Inhaltsverzeichnis

Bei drei Taekwondo-Sportlern, die direkt oder indirekt zum Entstehen dieses Buches beigetragen haben, möchte ich mich besonders bedanken:

1. Bei meinem Lehrer, Herrn Kwon, Jae-Hwa (7. Dan/New York), dem 1. Taekwondo-Bundestrainer in Deutschland, der in Haltung und Auftreten jedem Taekwondo-Sportler als Vorbild dienen kann. Er motivierte und ermutigte mich immer wieder auf Lehrgängen und Veranstaltungen.

2. Bei Hans Ferdinand Hunkel (5. Dan/Kiel), der mir immer mit Rat und Tat zur Seite stand und mich uneingeschränkt förderte.

3. Bei Manfred Zakrzewicz (4. Dan/Hamburg), der mit mir zusammen die Hyongs für dieses Buch erarbeitete.

Die Hyong

Taekwondo ist eine sehr vielfältige Kampfsportart. Drei Disziplinen ragen besonders heraus — sie stehen gleichberechtigt nebeneinander und greifen ineinander. Die Hyong (Form) ist neben dem Chayu-Taeryon (Kampf) und dem Kyek-Pa (Bruchtest) eine dieser drei Disziplinen.

In alten Zeiten konnten die Kampfsportler in Korea die erlernten Grund- und Kampftechniken noch nicht mit Partnern üben, da es erstens noch keine Kampfregeln gab und zweitens die Übenden Angst hatten, ihren Übungspartner zu verletzen. Damals galt nämlich das Prinzip: Auge um Auge, Zahn um Zahn! Hätte jemand seinen Partner ernstlich verletzt, wäre er später von diesem aus Rache ebenfalls verletzt worden.

Die Übenden haben sich daher (um die Techniken realistisch ausführen zu können) um sie herumgruppierte Angreifer vorgestellt. So entwickelten sich festgelegte Bewegungsabläufe, die Hyongs, bei denen der Kampfsportler in einer bestimmten Reihenfolge gegen imaginäre Gegner mit ausgewählten Techniken kämpfen muß. Gegen diese vorgestellten Gegner kann er seine Techniken ohne jegliches Abstoppen und in Kombinationen realistisch üben.

In den Hyongs werden alle Techniken im Wechsel zwischen Angriff und Verteidigung geübt. Durch intensives Training erhalten die Bewegungen ihre Präzision und Qualität.

Es gibt 24 Hyongs, welche für die 24 Stunden eines Tages stehen.

Übungshinweise

Ein Buch soll nicht den Lehrer ersetzen, sondern als Nachschlagewerk dienen und helfen, die Hinweise des Lehrers beser zu verstehen. Um die Hyongs richtig zu erlernen, sind ein Bewegungsvorbild **und** die schriftliche Anleitung eine optimale Kombination.

In diesem Buch werden die ersten 12 Hyongs beschrieben. Zuerst wird Name und Herkunft der Hyong erläutert und die Bewegungsrichtungen aus der Blickrichtung des Ausführenden in einem Diagramm dargestellt. Danach wird jede einzelne Bewegung in Worten beschrieben. Unter dem Text befindet sich jeweils das entsprechende Fußdiagramm. Rechts neben Text und Zeichnung steht das dazugehörige Foto. Die Fußstellung des Ausführenden wurde für jede Bewegung eingezeichnet. Die schwarzen Füße stehen für die neue Stellung, die weißen Füße rufen die alte Stellung in Erinnerung. Die Zeichnung enthält immer einen Teil des Laufdiagramms, um die Bewegungsrichtung zu verdeutlichen. Die Buchstaben im Diagramm beschreiben die Richtung.

Wenn der Taekwondo-Sportler eine Hyong zu erlernen beginnt, sollte er folgendes beachten:

1. Jede Hyong muß an dem Punkt beendet werden, an dem sie begonnen wird.

2. Eine korrekte Stellung und das eigene Gleichgewicht sind zu jeder Zeit einzuhalten.

3. Die Muskeln des Körpers sollen entsprechend den einzelnen Phasen während des Ablaufes einer Hyong im richtigen Moment angespannt oder locker und entspannt sein.

4. Jede Hyong soll im richtigen Rhythmus unter Einhaltung des Bewegungsdiagramms und in überzeugender, dynamischer Interpretation vorgeführt werden.

5. Die Bewegungen müssen in einwandfreier technischer Ausführung, je nach den Regeln der einzelnen Hyong beschleunigt oder verlangsamt werden.

6. Eine Hyong sollte sicher und einwandfrei beherrscht werden, bevor man sich an der nächsten versucht.

7. Der Sportler hat bei der Ausführung der Hyong einen sauberen weißen Taekwondo-Anzug zu tragen.

I. Chon-Ji Hyong

Chon-Ji bedeutet etwa „der Himmel, die Erde". In Asien bedeuten die Worte die Erschaffung der Welt, bzw. den Beginn der Menschheit. Deshalb ist Chon-Ji auch die erste Hyong, die von den Anfängern als erste erlernt wird, da sie noch am Anfang ihrer Entwicklung stehen.

Die Hyong besteht aus zwei ähnlichen Teilen. Die erste steht für den Himmel, der andere für die Erde. Chon-Ji hat insgesamt 19 Bewegungen.

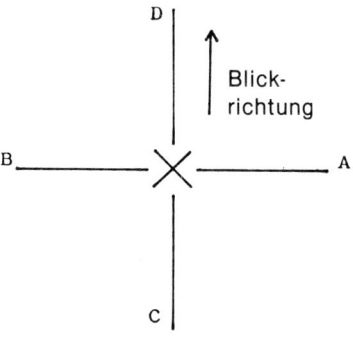

Diagramm 1

Ausgangsstellung:

Narani Chunbi Sogi

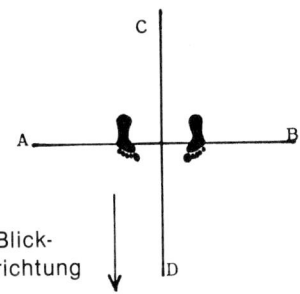

1. Linkes Bein in Richtung „B" zur linken Vorwärtsstellung setzen. Zugleich erfolgt eine untere Abwehr mit der Außenseite des linken Unterarms.

Chongul Hadan Pakkat Palmok Paro Makki

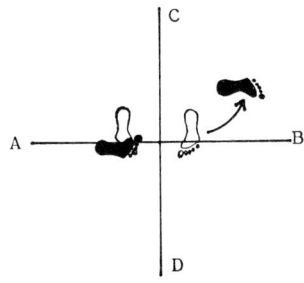

9

2. Rechtes Bein in Richtung „B" zur rechten Vorwärtsstellung vorsetzen. Zugleich erfolgt ein halbhoher Fauststoß mit der rechten Faust.

Chongul Chungdan Paro Chirugi

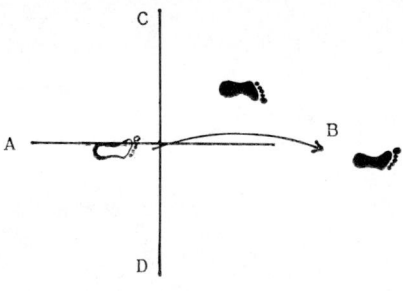

3. Im Uhrzeigersinn um 180° auf dem linken Fuß (nach rechts) drehen und den rechten Fuß in Richtung „A" zur rechten Vorwärtsstellung absetzen. Zugleich erfolgt eine untere Abwehr mit der Außenseite des rechten Unterarms.

Chongul Hadan Pakkat Palmok Paro Makki

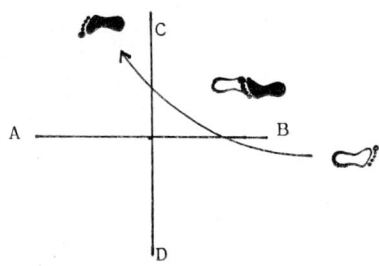

4. Linkes Bein in Richtung „A" zur linken Vorwärtsstellung vorsetzen. Zugleich erfolgt ein halbhoher Fauststoß mit der linken Faust.

Chongul Chungdan Paro Chirugi

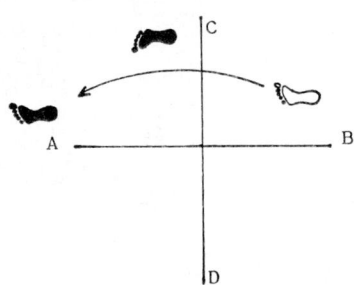

5. Auf dem rechten Fuß gegen den Uhrzeigersinn um 90° (nach links) drehen und den linken Fuß in Richtung „D" zur linken Vorwärtsstellung absetzen. Zugleich erfolgt eine untere Abwehr mit der Außenseite des linken Unterarms.

Chongul Hadan Pakkat Palmok Paro Makki

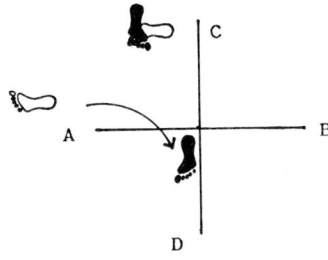

6. Rechtes Bein in Richtung „D" zur rechten Vorwärtsstellung vorsetzen. Zugleich erfolgt ein halbhoher Fauststoß mit der rechten Faust.

Chongul Chungdan Paro Chirugi

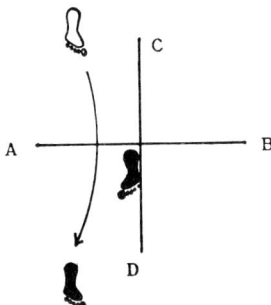

7. Im Uhrzeigersinn um 180° (nach rechts) auf dem linken Fuß drehen und den rechten Fuß in Richtung „C" zur rechten Vorwärtsstellung absetzen. Zugleich erfolgt eine untere Abwehr mit der Außenseite des rechten Unterarms.

Chongul Hadan Pakkat Palmok Paro Makki

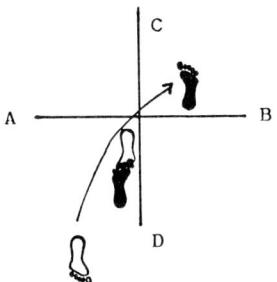

11

8. Linkes Bein in Richtung „C" zur linken Vorwärtsstellung setzen. Zugleich erfolgt ein
   halbhoher Fauststoß mit der linken Faust.

   Chongul Chungdan Paro Chirugi

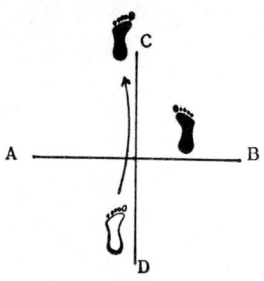

9. Auf dem rechten Fuß gegen den Uhrzeigersinn um 90° (nach links) drehen und den linken Fuß in Richtung „A" zur rechten Rückwärtsstellung absetzen. Zugleich erfolgt eine
   halbhohe Abwehr mit der Innenseite des linken Unterarms.

   Hugul Chungdan An Palmok Yop Makki

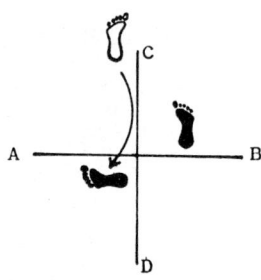

10. Rechtes Bein in Richtung „A" zur rechten
    Vorwärtsstellung setzen. Zugleich erfolgt ein
    halbhoher Fauststoß mit der rechten Faust.

    Chongul Chungdan Paro Chirugi

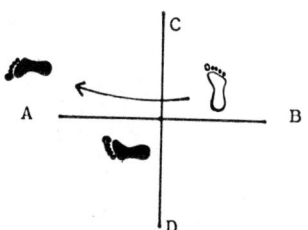

11. Im Uhrzeigersinn um 180° (nach rechts) auf dem linken Fuß drehen und den rechten Fuß in Richtung „B" zur linken Rückwärtsstellung absetzen. Zugleich erfolgt eine halbhohe Abwehr mit der Innenseite des rechten Unterarms.

Hugul Chungdan An Palmok Yop Makki

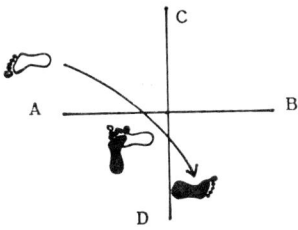

12. Linkes Bein in Richtung „B" zur linken Vorwärtsstellung vorsetzen. Zugleich erfolgt ein halbhoher Fauststoß mit der linken Faust.

Chongul Chungdan Paro Chirugi

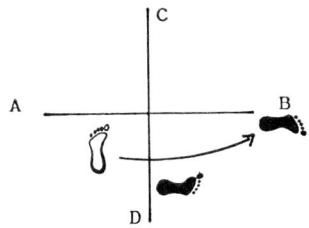

13. Auf dem rechten Fuß gegen den Uhrzeigersinn um 90° (nach links) drehen und den linken Fuß in Richtung „C" zur rechten Rückwärtsstellung absetzen. Zugleich erfolgt eine halbhohe Abwehr mit der Innenseite des linken Unterarms.

Hugul Chungdan An Palmok Yop Makki

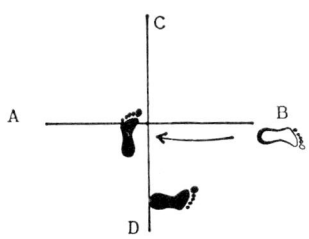

14. Rechtes Bein in Richtung „C" zur rechten Vorwärtsstellung vorsetzen. Zugleich erfolgt ein halbhoher Fauststoß mit der rechten Faust.

Chongul Chungdan Paro Chirugi

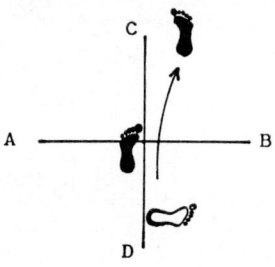

15. Im Uhrzeigersinn um 180° (nach links) auf dem linken Fuß drehen und den rechten Fuß in Richtung „D" zur linken Rückwärtsstellung absetzen. Zugleich erfolgt eine halbhohe Abwehr mit der Innenseite des rechten Unterarms.

Hugul Chungdan An Palmok Yop Makki

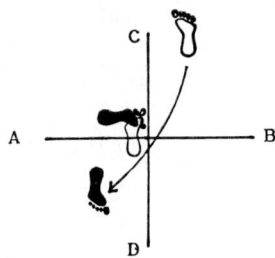

16. Linkes Bein in Richtung „D" zur linken Vorwärtsstellung vorsetzen. Zugleich erfolgt ein halbhoher Fauststoß mit der linken Faust.

Chongul Chungdan Paro Chirugi

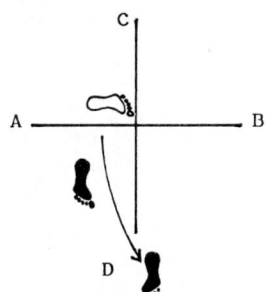

17. Rechtes Bein in Richtung „D" zur rechten Vorwärtsstellung vorsetzen. Zugleich erfolgt ein halbhoher Fauststoß mit der rechten Faust.

Chongul Chungdan Paro Chirugi

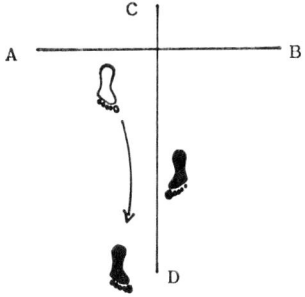

18. Rechtes Bein in Richtung „C" zur linken Vorwärtsstellung zurücksetzen. Zugleich erfolgt ein halbhoher Fauststoß mit der linken Faust in Richtung „D".

Chongul Chungdan Paro Chirugi

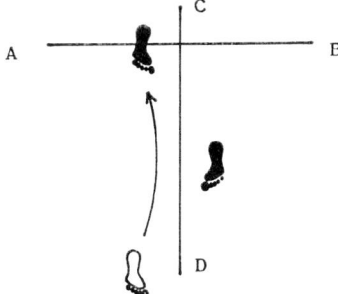

19. Linkes Bein in Richtung „C" zur rechten Vorwärtsstellung zurücksetzen. Zugleich erfolgt ein halbhoher Fauststoß mit der rechten Faust in Richtung „D".

Chongul Chungdan Paro Chirugi

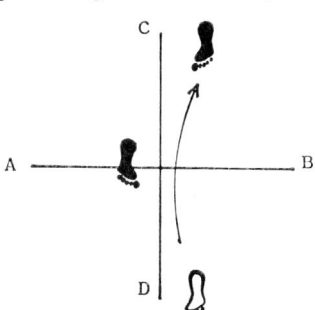

Linkes Bein in Richtung „D" zur Ausgangsstellung vorziehen.

Narani Chunbi Sogi

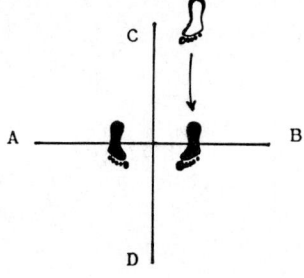

II. Tan-Gun Hyong

Tan-Gun war ein Heiliger, welcher der Sage nach Korea im Jahre 2333 v. Chr. gründete.

Diese Hyong hat 21 Bewegungen.

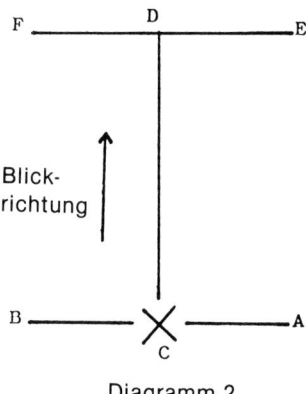

Diagramm 2

Ausgangsstellung:

Narani Chunbi Sogi

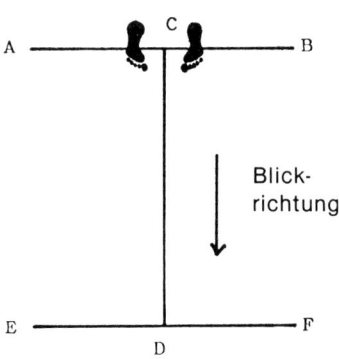

1. Linkes Bein in Richtung „B" zur rechten Rückwärtsstellung setzen. Zugleich erfolgt ein halbhoher Schutzblock mit beiden Außenhandkanten.

   Hugul Chungdan Sudo Taebi makki

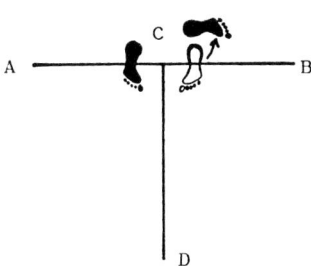

2. Rechtes Bein in Richtung „B" zur rechten Vorwärtsstellung vorsetzen. Zugleich erfolgt ein hoher Fauststoß mit der rechten Faust.

Chongul Sangdan Paro Chirugi

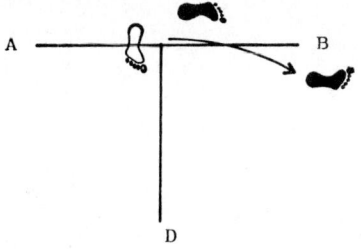

3. Im Uhrzeigersinn um 180° (nach rechts) auf dem linken Fuß drehen und den rechten Fuß in Richtung „A" zur linken Rückwärtsstellung absetzen. Zugleich erfolgt ein halbhoher Schutzblock mit beiden Außenhandkanten.

Hugul Chungdan Sudo Taebi Makki

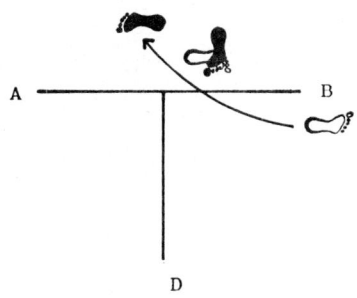

4. Linkes Bein in Richtung „A" zur linken Vorwärtsstellung vorsetzen. Zugleich erfolgt ein hoher Fauststoß mit der linken Faust.

Chongul Sangdan Paro Chirugi

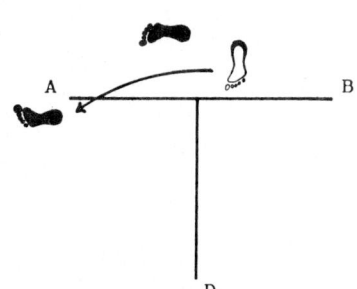

5. Auf dem rechten Fuß gegen den Uhrzeigersinn um 90° (nach links) drehen und den linken Fuß in Richtung „D" zur linken Vorwärtsstellung vorsetzen. Zugleich erfolgt eine untere Abwehr mit der Außenseite des linken Unterarms.

Chongul Hadan Pakkat Palmok Paro Makki

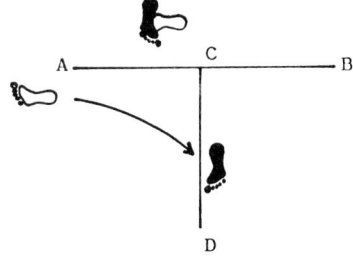

6. Rechtes Bein in Richtung „D" zur rechten Vorwärtsstellung vorsetzen. Zugleich erfolgt ein hoher Fauststoß mit der rechten Faust.

Chongul Sangdan Paro Chirugi

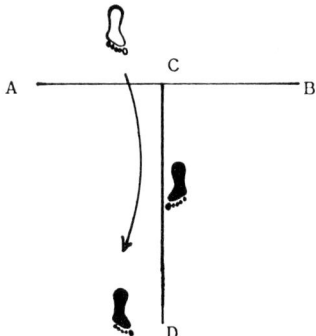

7. Linkes Bein in Richtung „D" zur linken Vorwärtsstellung vorsetzen. Zugleich erfolgt ein hoher Fauststoß mit der linken Faust.

Chongul Sangdan Paro Chirugi

8. Rechtes Bein in Richtung „D" zur rechten Vorwärtsstellung vorsetzen. Zugleich erfolgt ein hoher Fauststoß mit der rechten Faust.

Chongul Sangdan Paro Chirugi

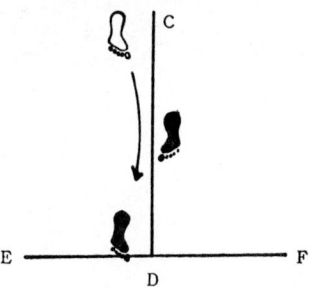

9. Auf dem rechten Fuß gegen den Uhrzeigersinn um 270° (nach links) drehen und den linken Fuß in Richtung „E" zur rechten Rückwärtsstellung absetzen. Zugleich erfolgt ein halbhoher und ein hoher Doppelblock mit den Außenseiten der Unterarme.

Hugul Ssang Pakkat Palmok Makki

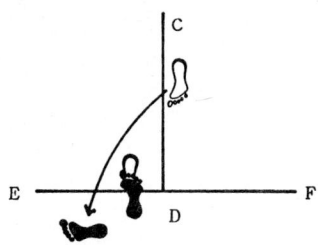

10. Rechtes Bein in Richtung „E" zur rechten Vorwärtsstellung vorsetzen. Zugleich erfolgt ein hoher Fauststoß mit der rechten Faust.

Chongul Sangdan Paro Chirugi

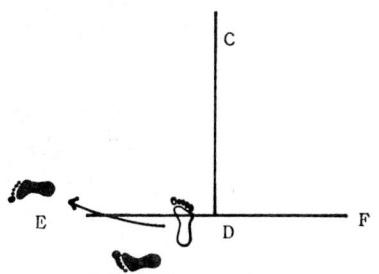

11. Im Uhrzeigersinn auf dem linken Fuß um 180° (nach rechts) drehen und den rechten Fuß in Richtung „F" zur linken Rückwärtsstellung setzen. Zugleich erfolgt ein halbhoher und ein hoher Doppelblock mit den Außenseiten der Unterarme.

Hugul Ssang Pakkat Palmok Makki

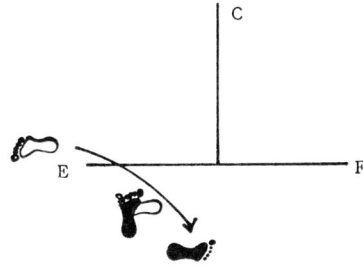

12. Linkes Bein in Richtung „F" zur linken Vorwärtsstellung vorsetzen. Zugleich erfolgt ein hoher Fauststoß mit der linken Faust.

Chongul Sangdan Paro Chirugi

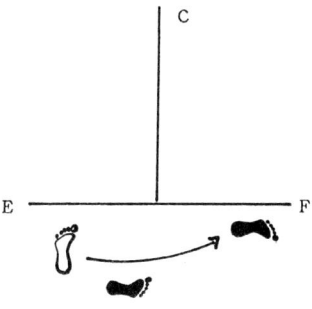

13. Auf dem rechten Fuß gegen den Uhrzeigersinn um 90° (nach links) drehen und den linken Fuß in Richtung „C" zur linken Vorwärtsstellung absetzen. Zugleich erfolgt eine untere Abwehr mit der Außenseite des linken Unterarms.

Chongul Hadan Pakkat Palmok Paro Makki

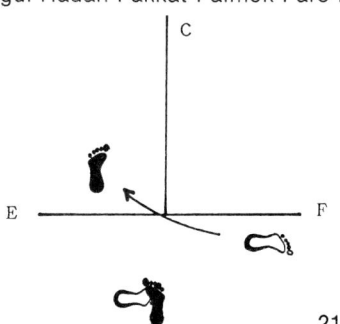

21

14. Danach erfolgt sofort (in der gleichen Stellung) eine hohe Abwehr mit der Außenseite des linken Unterarms.

Chongul Chukyo Paro Makki

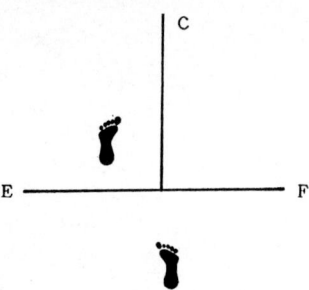

15. Rechtes Bein in Richtung „C" zur rechten Vorwärtsstellung vorsetzen. Zugleich erfolgt eine hohe Abwehr mit der Außenseite des rechten Unterarms.

Chongul Chukyo Paro Makki

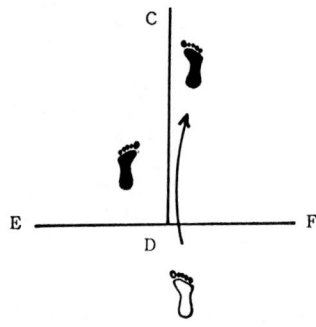

16. Linkes Bein in Richtung „C" zur linken Vorwärtsstellung vorsetzen. Zugleich erfolgt eine hohe Abwehr mit der Außenseite des linken Unterams.

Chongul Chukyo Paro Makki

22

17. Rechtes Bein in Richtung „C" zur rechten Vorwärtsstellung vorsetzen. Zugleich erfolgt eine hohe Abwehr mit der Außenseite des rechten Unterarms.

Chongul Chukyo Paro Makki

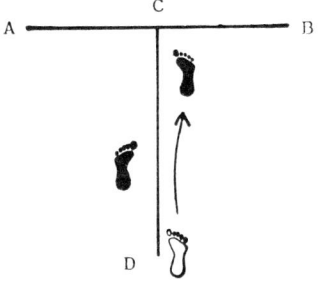

18. Auf dem rechten Fuß gegen den Uhrzeigersinn um 270° (nach links) drehen und den linken Fuß in Richtung „B" zur rechten Rückwärtsstellung absetzen. Zugleich erfolgt ein halbhoher Schlag mit der linken Außenhandkante.

Hugul Chungdan Sudo Yop Taerigi

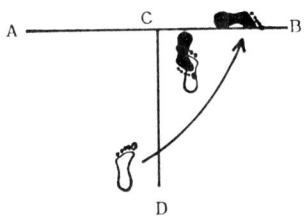

19. Rechtes Bein in Richtung „B" zur rechten Vorwärtsstellung vorsetzen. Zugleich erfolgt ein hoher Fauststoß mit der rechten Faust.

Chongul Sangdan Paro Chirugi

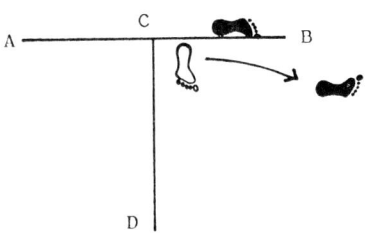

20. Im Uhrzeigersinn auf dem linken Fuß um 180°
(nach rechts) drehen und den rechten Fuß in
Richtung „A" zur linken Rückwärtsstellung
absetzen. Zugleich erfolgt ein halbhoher
Schlag mit der rechten Außenhandkante.

Hugul Chungdan Sudo Yop Taerigi

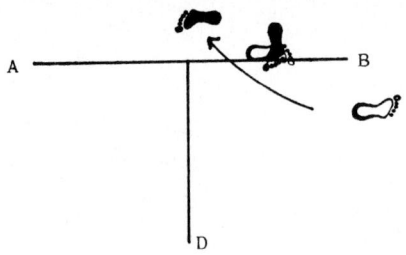

21. Linkes Bein in Richtung „A" zur linken Vorwärtsstellung vorsetzen. Zugleich erfolgt ein
hoher Fauststoß mit der linken Faust.

Chongul Sangdan Paro Chirugi

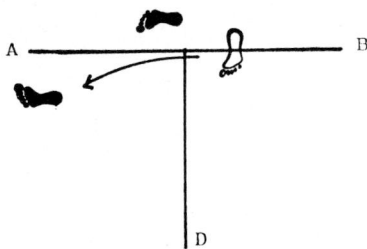

Linkes Bein in Richtung „B" zur Ausgangsstellung ziehen, dabei gleichzeitig auf dem rechten
Fuß um 90° gegen den Uhrzeigersinn (nach links)
drehen.

Narani Chunbi Sogi

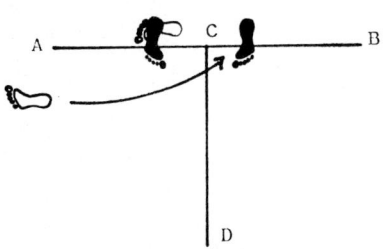

III. To-San Hyong

To-San steht für den Patrioten Ahn Ch'ang-Ho (1876-1938), der sein ganzes Leben der Bildungsförderung in Korea und seiner Unabhängigkeitsbewegung widmete.

Diese Hyong hat 24 Bewegungen.

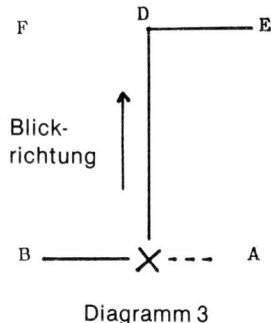

Diagramm 3

Ausgangsstellung:
Narani Chunbi Sogi

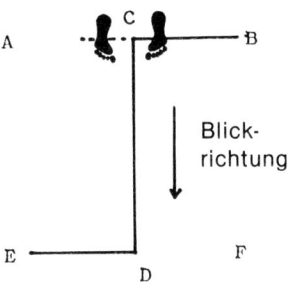

1. Linkes Bein in Richtung „B" zur linken Vorwärtsstellung setzen. Zugleich erfolgt eine obere, seitliche Abwehr mit der Außenseite des linken Unterarms.

   Chongul Sangdan Pakkat Palmok Yop Makki

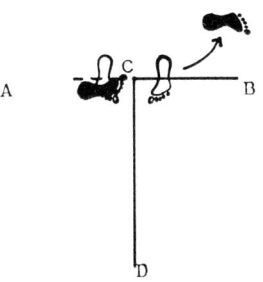

2. In der gleichen Stellung erfolgt ein halbhoher Faststoß mit der rechten Faust.

Chongul Chungdan Pandae Chirugi

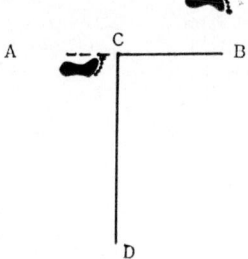

3. Im Uhrzeigersinn um 180° (nach rechts) auf der Stelle zur rechten Vorwärtsstellung in Richtung „A" wenden. Zugleich erfolgt eine obere, seitliche Abwehr mit der Außenseite des rechten Unterarms.

Chongul Sangdan Pakkat Palmok Yop Makki

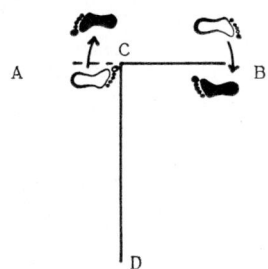

4. In der gleichen Stellung erfolgt ein halbhoher Faststoß mit der linken Faust.

Chongul Chungdan Pandae Chirugi

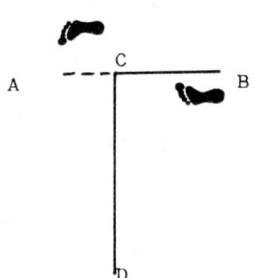

5. Auf dem rechten Fuß gegen den Uhrzeigersinn um 90° (nach links) drehen und den linken Fuß nach „D" zur rechten Rückwärtsstellung setzen. Zugleich erfolgt ein halbhoher Schutzblock mit beiden Außenhandkanten.

Hugul Chungdan Sudo Taebi Makki

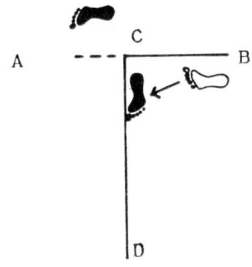

6. Rechtes Bein in Richtung „D" zur rechten Vorwärtsstellung vorsetzen. Zugleich erfolgt ein halbhoher Fingerspitzenstoß mit der rechten Hand.

Chongul Chungdan Chongkwansu Paro Tulki

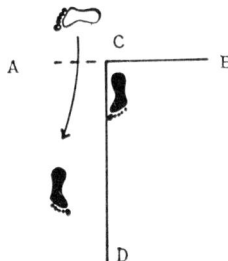

7a. Um die von einem (imaginären) Gegner festgehaltene Hand zu befreien, wird der rechte Arm nach innen gedreht und der linke Fuß auf dieselbe Linie, wie der rechte Fuß, zur Seitwärtsstellung gesetzt.

Kima Sogi — Stellung

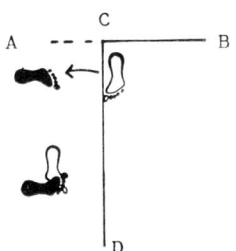

7b. Auf dem rechten Fuß gegen den Uhrzeigersinn um 360° (nach links) drehen und den linken Fuß in Richtung „D" zu linken Vorwärtsstellung setzen. Zugleich erfolgt ein hoher
Schlag mit dem Faustrücken der linken
Faust.

Chongul Sangdan Rikwon Paro Taerigi

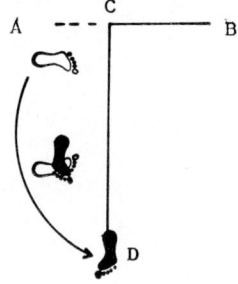

8. Rechtes Bein in Richtung „D" zur rechten
Vorwärtsstellung setzen. Zugleich erfolgt ein
hoher Schlag mit dem Faustrücken der rechten Faust.

Chongul Sangdan Rikwon Paro Yop Taerigi

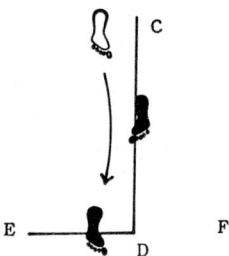

9. Auf dem rechten Fuß gegen den Uhrzeigersinn um 270° (nach links) drehen und den linken Fuß zur linken Vorwärtsstellung in Richtung „E" setzen. Zugleich erfolgt eine obere,
seitliche Abwehr mit der Außenseite des linken Unterarms.

Chongul Sangdan Pakkat Palmok Yop Makki

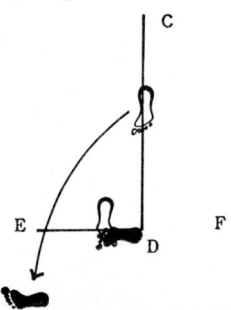

28

10. In der gleichen Stellung erfolgt ein halbhoher Fauststoß mit der rechten Faust.

Chongul Chungdan Pandae Chirugi

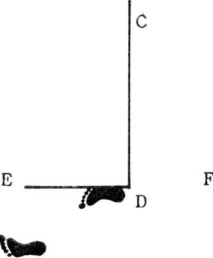

11. Im Uhrzeigersinn um 180° (nach rechts) auf der Stelle zur rechten Vorwärtsstellung in Richtung „F" wenden. Zugleich erfolgt eine obere, seitliche Abwehr mit der Außenseite des rechten Unterarms.

Chongul Sangdan Pakkat Palmok Yop Makki

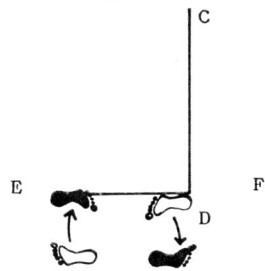

12. In der gleichen Stellung erfolgt ein halbhoher Fauststoß mit der linken Faust.

Chongul Chungdan Pandae Chirugi

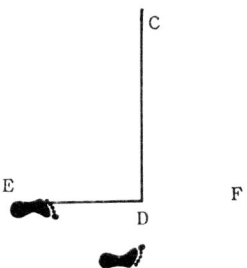

13. Den linken Fuß an den rechten heranziehen und auf dem rechten Fuß gegen den Uhrzeigersinn um 135° (nach links) drehen und den linken Fuß in Richtung „CE" zur linken Vorwärtsstellung setzen. Zugleich erfolgt ein hoher Block mit den Außenseiten beider Unterarme.

Chongul Sangdan Hechyo Makki

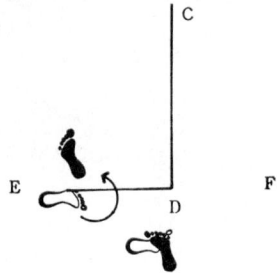

14. Gegenangriff mit halbhohem Fußstoß nach vorn mit dem rechten Fuß, dabei bleibt die Armhaltung wie bei Bewegung 13.

Chungdan Ap Chagi

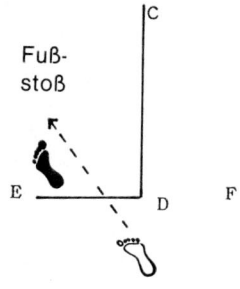

15. Rechtes Bein in Richtung „CE" zur rechten Vorwärtsstellung setzen, zugleich erfolgt ein halbhoher Fauststoß mit der rechten Faust.

Chongul Chungdan Paro Chirugi

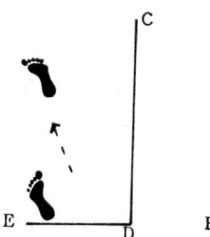

16. In der gleichen Stellung erfolgt ein halbhoher Fauststoß mit der linken Faust.

Chongul Chungdan Pandae Chirugi

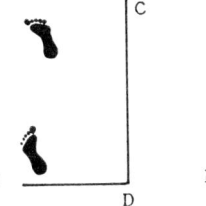

17. Im Uhrzeigersinn um 90° (nach rechts) auf dem linken Fuß drehen und den rechten Fuß in Richtung „CF" zur rechten Vorwärtsstellung setzen. Zugleich erfolgt ein hoher Block mit den Außenseiten beider Unterarme.

Chongul Sangdan Hechyo Makki

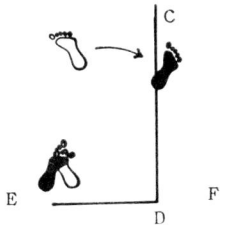

18. Gegenangriff mit halbhohem Fußstoß nach vorn mit dem linken Fuß, dabei bleibt die Armhaltung wie bei Bewegung 17.

Chungdan Ap Chagi

31

19. Linkes Bein in Richtung „CF" zur linken Vor-
    wärtsstellung setzen, zugleich erfolgt ein
    halbhoherFauststoß mit der linken Faust.

    Chongul Chungdan Paro Chirugi

20. In der gleichen Stellung erfolgt ein halbhoher
    Fauststoß mit der rechten Faust.

    Chongul Chungdan Pandae Chirugi

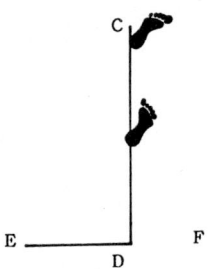

21. Auf dem rechten Fuß gegen den Uhrzeiger-
    sinn um 45° (nach links) drehen und den lin-
    ken Fuß in Richtung „C" zur linken Vorwärts-
    stellung setzen. Zugleich erfolgt eine hohe
    Abwehr mit der Außenseite des linken Unter-
    arms.

    Chongul Chukyo Paro Makki

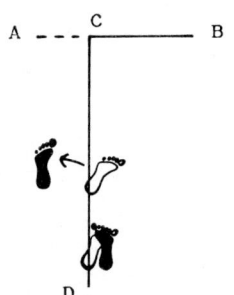

22. Rechtes Bein in Richtung „C" zur rechten Vorwärtsstellung setzen. Zugleich erfolgt eine hohe Abwehr mit der Außenseite des rechten Unterarms.

Chongul Chukyo Paro Makki

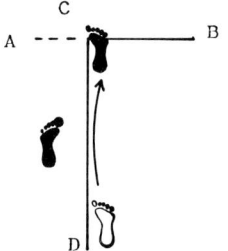

23. Auf dem rechten Fuß gegen den Uhrzeigersinn um 270° (nach links) drehen und den linken Fuß zur Seitwärtsstellung in Richtung „D" setzen. Zugleich erfolgt ein halbhoher Schlag mit der linken Außenhandkante.

Kima Chungdan Sudo Yop Taerigi

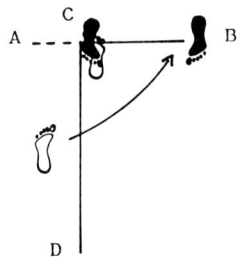

24. Den linken Fuß an den rechten heranziehen und den rechten Fuß in Richtung „A" zur Seitwärtsstellung setzen. Zugleich erfolgt ein halbhoher Schlag mit der rechten Außenkante.

Kima Chungdan Sudo Yop Taerigi

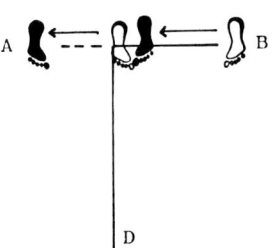

Rechtes Bein in Richtung „C" zur Ausgangsstellung heranziehen.

Narani Chunbi Sogi

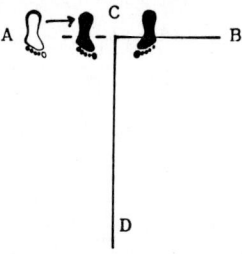

IV. Won-Hyo Hyong

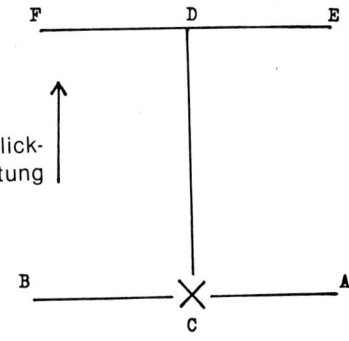

Der berühmte Mönch Won-Hyo führte zur Zeit der Sylla Dynastie, 686 n. Chr., den Buddhismus in Korea ein.

Diese Hyong hat 26 Bewegungen.

Diagramm 4

Ausgangsstellung:
Moa Sogi

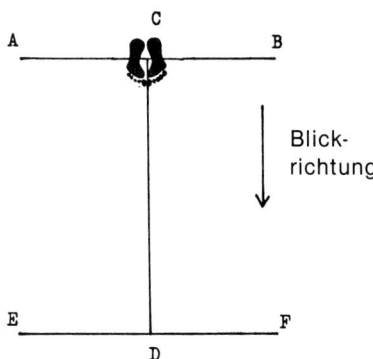

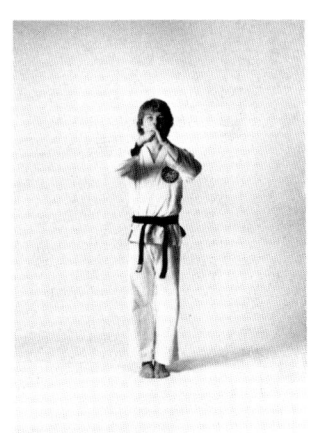

1. Linkes Bein in Richtung „B" zur rechten Rückwärtsstellung setzen. Zugleich erfolgt ein halbhoher und ein hoher Doppelbock mit den Außenseiten der Unterarme.

   Hugul Ssang Pakkat Palmok Makki

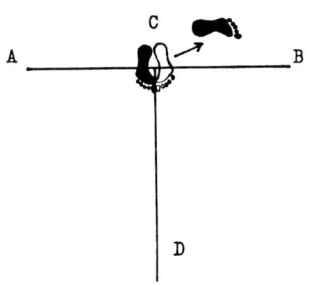

2. In der gleichen Stellung wird die linke Faust vor die rechte Schulter gezogen, gleichzeitig erfolgt mit der rechten Außenhandkante ein hoher Schlag nach innen.

Hugul Sangdan Sudo Anuro Taerigi

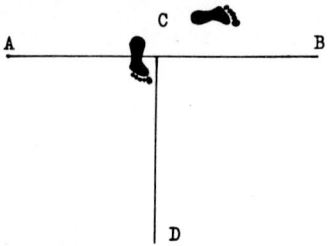

3. Den linken Fuß in Richtung „B" zur langen rechten Rückwärtsstellung gleiten lassen. Zugleich erfolgt ein halbhoher Fauststoß mit der linken Faust.

Hugul Chungdan Pandae Chirugi

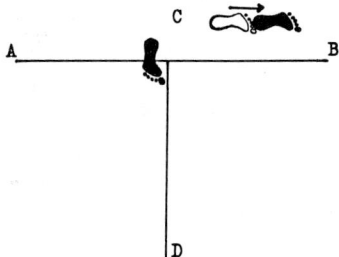

4. Den linken Fuß an den rechten Fuß heranziehen, auf dem linken Fuß im Uhrzeigersinn um 180° (nach rechts) drehen und den rechten Fuß in Richtung „A" zur linken Rückwärtsstellung setzen. Zugleich erfolgt ein halbhoher und ein hoher Doppelblock mit den Außenseiten der Unterarme.

Hugul Ssang Pakkat Palmok Makki

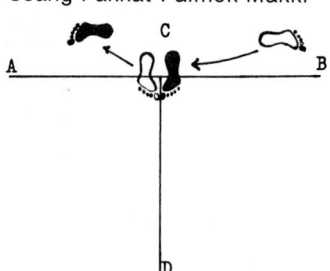

5. In der gleichen Stellung wird die rechte Faust vor die linke Schulter gezogen. Gleichzeitig erfolgt mit der linken Außenhandkante ein hoher Schlag nach innen.

Hugul Sangdan Sudo Anuro Taerigi

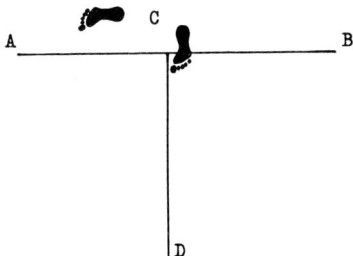

6. Den rechten Fuß in Richtung „A" zur langen linken Rückwärtsstellung gleiten lassen. Zugleich erfolgt ein halbhoher Fauststoß mit der rechten Faust.

Hugul Chungdan Pandae Chirugi

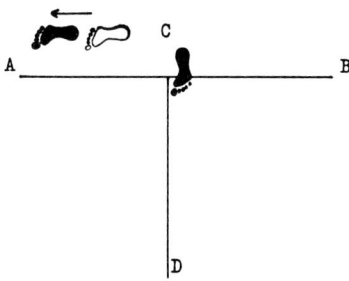

7. Den rechten Fuß an den linken Fuß heranziehen, auf dem rechten Fuß gegen den Uhrzeigersinn um 90° drehen. Zugleich erfolgt ein halbhoher Seitwärtsfußstoß mit dem linken Fuß in Richtung „D".

Chungdan Yop Chagi

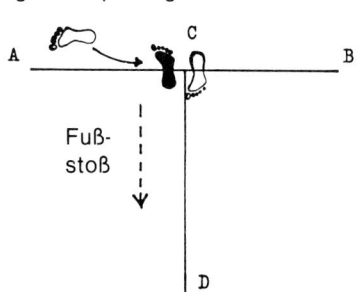

Fuß-
stoß

8. Linkes Bein in Richtung „D" zu rechten Rückwärtsstellung setzen. Zugleich erfolgt ein halbhoher Schutzblock mit beiden Außenhandkanten.

Hugul Chungdan Sudo Taebi Makki

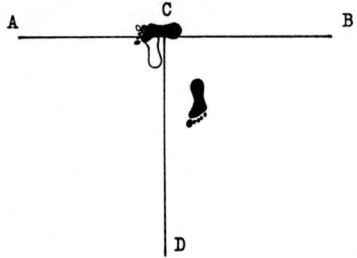

9. Rechtes Bein in Richtung „D" zur linken Rückwärtsstellung setzen. Zugleich erfolgt ein halbhoher Schutzblock mit beiden Außenhandkanten.

Hugul Chungdan Sudo Taebi Makki

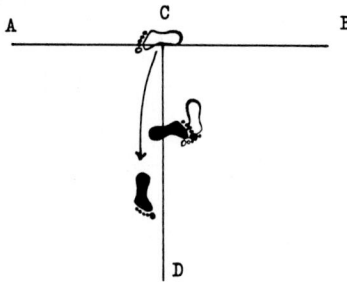

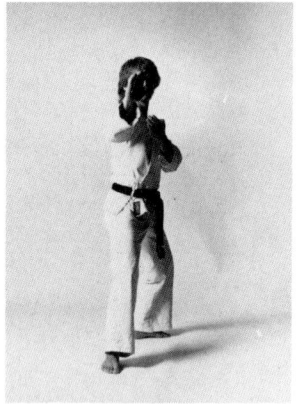

10. Linkes Bein in Richtung „D" zur rechten Rückwärtsstellung setzen. Zugleich erfolgt ein halbhoher Schutzblock mit beiden Außenhandkanten.

Hugul Chungdan Sudo Taebi Makki

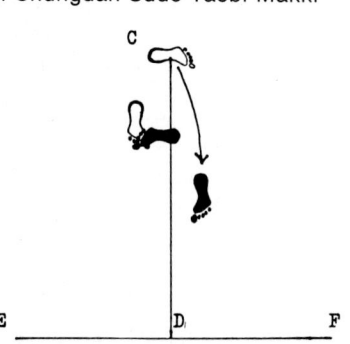

11. Rechtes Bein in Richtung „D" zur rechten Vorwärtsstellung setzen. Zugleich erfolgt ein halbhoher Fingerspitzenstoß mit der rechten Hand.

Chongul Chungdan Chongkwansu Tulki

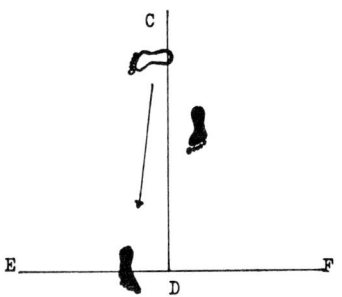

12. Auf dem rechten Fuß gegen den Uhrzeigersinn um 270° (nach links) drehen und den linken Fuß in Richtung „E" zur rechten Rückwärtsstellung absetzen. Zugleich erfolgt ein halbhoher und ein hoher Doppelblock mit den Außenseiten der Unterarme.

Hugul Ssang Pakkat Palmok Makki

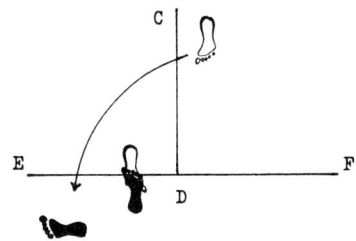

13. In der gleichen Stellung wird die linke Faust vor die rechte Schulter gezogen, gleichzeitig erfolgt mit der rechten Außenhandkante ein hoher Schlag nach innen.

Hugul Sangdan Sudo Anuro Taerigi

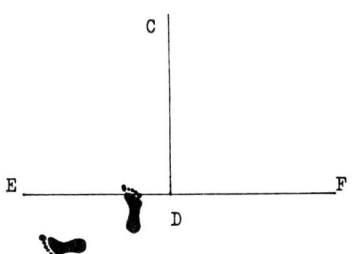

14. Den linken Fuß in Richtung „E" zur langen rechten Rückwärtsstellung gleiten lassen. Zugleich erfolgt ein halbhoher Fauststoß mit der linken Faust.

Hugul Chungdan Pandae Chirugi

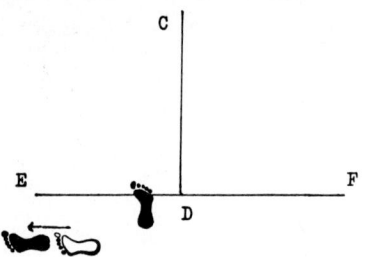

15. Den linken Fuß an den rechten Fuß heranziehen, auf dem linken Fuß im Uhrzeigersinn um 180° (nach rechts) drehen und den rechten Fuß in Richtung „F" zur linken Rückwärtsstellung setzen. Zugleich erfolgt ein halbhoher und ein hoher Doppelbock mit den Außenseiten der Unterarme.

Hugul Ssang Pakkat Palmok Makki

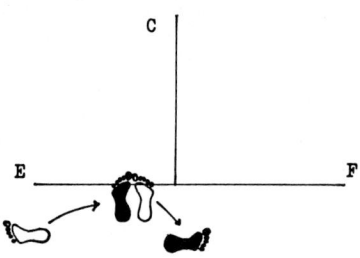

16. In der gleichen Stellung wird die rechte Faust vor die linke Schulter gezogen. Gleichzeitig erfolgt ein hoher Schlag mit der linken Außenhandkante nach innen.

Hugul Sangdan Sudo Anuro Taerigi

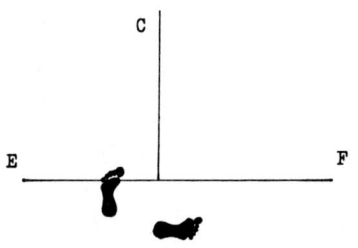

17. Den rechten Fuß in Richtung „F" zur langen linken Rückwärtsstellung gleiten lassen. Zugleich erfolgt ein halbhoher Fauststoß mit der rechten Faust.

Hugul Chungdan Pandae Chirugi

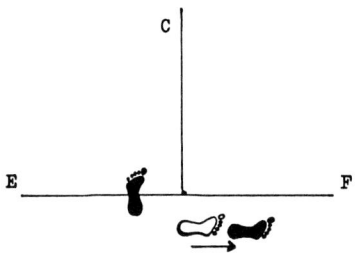

18. Den rechten Fuß an den linken Fuß heranziehen, auf dem rechten Fuß gegen den Uhrzeigersinn um 90° (nach links) drehen und den linken Fuß zur linken Vorwärtsstellung in Richtung „C" setzen. Zugleich erfolgt ein Kreisblock mit der Innenseite des rechten Unterarms.

Chungdan An Palmok Tolimyo Makki

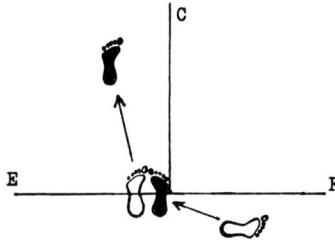

19. Gegenangriff mit einem halbhohen Fußstoß mit dem rechten Fuß nach vorn. Dabei bleibt die Armhaltung wie bei Bewegung 18.

Chungdan Ap Chagi

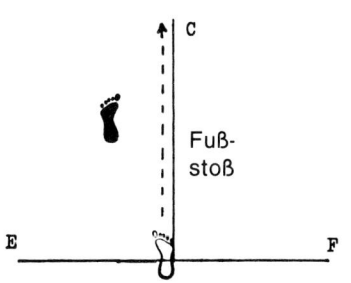

20. Rechtes Bein in Richtung „C" zur rechten Vorwärtsstellung absetzen. Zugleich erfolgt ein halbhoher Fauststoß mit der linken Faust.

Chongul Chungdan Pandae Chirugi

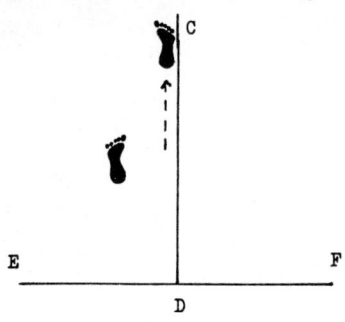

21. In der gleichen Stellung erfolgt ein Kreisblock mit der Innenseite des linken Unterarms.

Chungdan An Palmok Tolimyo Makki

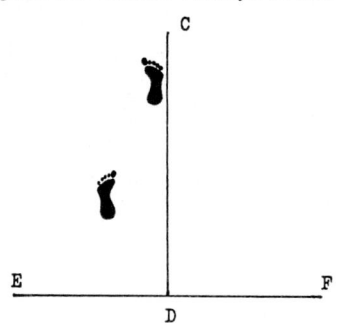

22. Gegenangriff mit einem halbhohen Fußstoß mit dem rechten Fuß nach vorn. Dabei bleibt die Armhaltung wie bei Bewegung 21.

Chungdan Ap Chagi

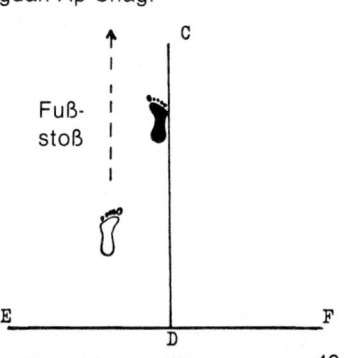

Fuß-
stoß

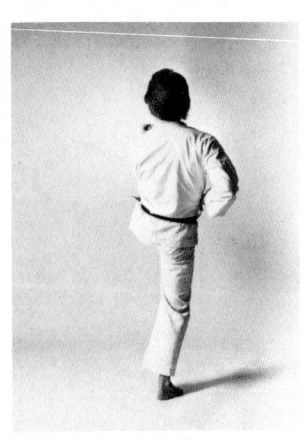

23. Linkes Bein in Richtung „C" zur linken Vor-
    wärtsstellung absetzen. Zugleich erfolgt ein
    halbhoher Fauststoß mit der rechten Faust.

    Chongul Chungdan Pandae Chirugi

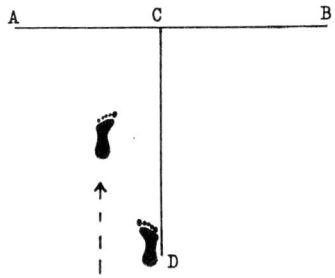

24. Mit dem rechten Fuß erfolgt ein halbhoher
    Seitwärtsfußstoß in Richtung „C".

    Chungdan Yop Chagi

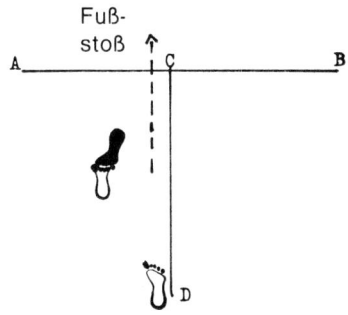

25. Den rechten Fuß in Richtung „C" zur linken
    Rückwärtsstellung absetzen, dann auf dem
    rechten Fuß um 270° gegen den Uhrzeiger-
    sinn drehen und den linken Fuß zur rechten
    Rückwärtsstellung in Richtung „B" setzen.
    Zugleich erfolgt ein halbhoher Schutzblock
    mit den Außenseiten beider Unterarme.

    Hugul Chungdan Pakkat Palmok Taebi Makki

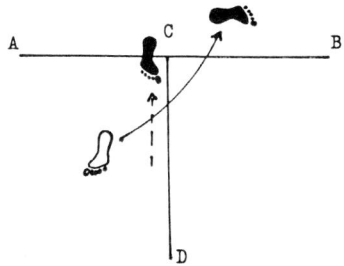

26. Den linken Fuß an den rechten Fuß heranziehen, auf dem linken Fuß im Uhrzeigersinn um 180° drehen und den rechten Fuß in Richtung „A" zur linken Rückwärtsstellung setzen. Zugleich erfolgt ein halbhoher Schutzblock mit den Außenseiten beider Unterarme.

Hugul Chungdan Pakkat Palmok Taebi Makki

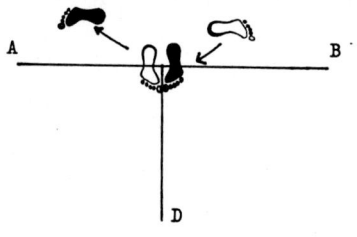

Rechtes Bein zur Ausgangsstellung zurückziehen.
Moa Sogi

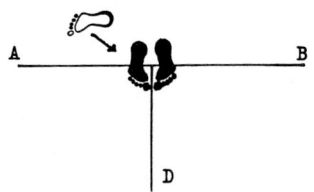

Zum besseren Verständnis haben wir (siehe unten) die Techniken Nr. 18, 19 und 20 noch aus einer anderen Sicht fotografiert:

18. Chungdan An Palmok Tolimyo Makki

19. Chungdan Ap Chagi

20. Chongul Chungdan Pandae Chirugi

V. Yul-Kok Hyong

Yul-Kok steht für den großen Gelehrten und Philosophen Yi I (1536-1584 n. Chr.), auch „Konfuzius von Korea" genannt.
Die Hyong hat 38 Bewegungen. Sie beziehen sich auf den Geburtsort von Yi I am 38. Breitengrad.

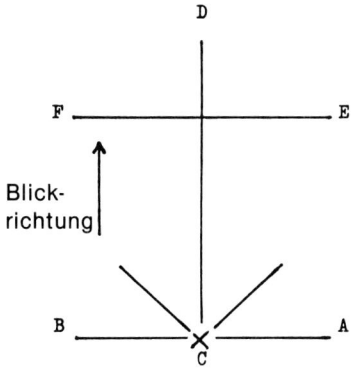

Diagramm 5

Ausgangsstellung:
Narani Chunbi Sogi

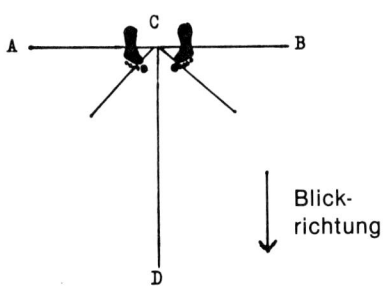

1. Das linke Bein wird in Richtung „B" zur Seitwärtsstellung gesetzt. Zugleich erfolgt ein langsamer und konzentrierter halbhoher Fauststoß mit der linken Faust.

Kima Chungdan Chirugi

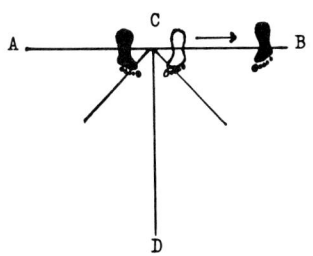

45

2. In der gleichen Stellung erfolgt ein halbhoher
Fauststoß mit der rechten Faust.

Kima Chungdan Chirugi

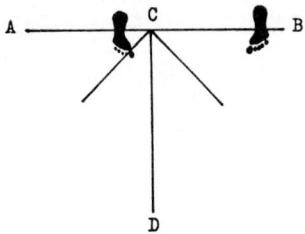

3. In der gleichen Stellung erfolgt ein halbhoher
Fauststoß mit der linken Faust.
Führe Bewegung 2 und 3 sofort hintereinan-
der aus!

Kima Chungdan Chirugi

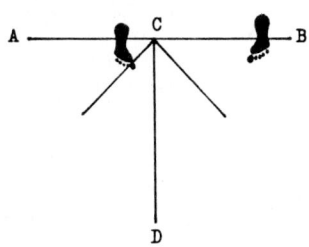

4. Den linken Fuß an den rechten heranziehen,
den rechten Fuß in Richtung „A" zur Seitwärtsstellung setzen. Zugleich erfolgt ein
langsamer und konzentrierter halbhoher
Fauststoß mit der rechten Faust.

Kima Chungdan Chirugi

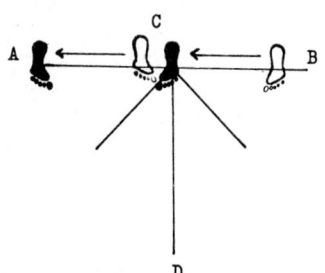

5. In der gleichen Stellung erfolgt ein halbhoher Fauststoß mit der linken Faust.

   Kima Chungdan Chirugi

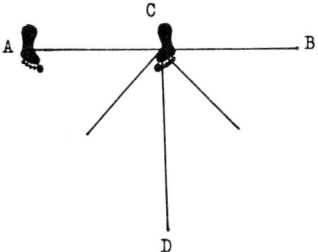 

6. In der gleichen Stellung erfolgt ein halbhoher Fauststoß mit der rechten Faust.
   Führe Bewegung 5 und 6 sofort hintereinander aus!

   Kima Chungdan Chirugi

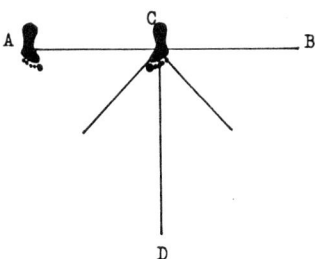 

7. Auf dem linken Fuß um 45° gegen den Uhrzeigersinn (nach links) drehen und den rechten Fuß in Richtung „AD" zur rechten Vorwärtsstellung setzen. Zugleich erfolgt eine halbhohe Abwehr mit der Innenseite des rechten Unterarms.

   Chongul Chungdan An Palmok Makki

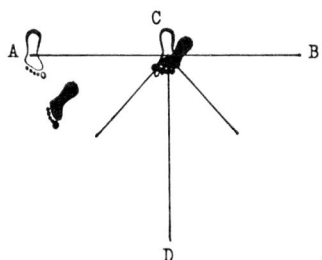 

8. Als Gegenangriff erfolgt ein halbhoher Fußstoß nach vorn mit dem linken Fuß in Richtung „AD". Dabei bleibt die Armhaltung wie
bei Bewegung 7.

Chungdan Ap Chagi

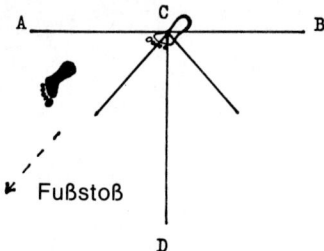

9. Der linke Fuß wird zur linken Vorwärtsstellung abgesetzt. Zugleich erfolgt ein halbhoher Fauststoß mit der linken Faust.

Chongul Chungdan Paro Chirugi

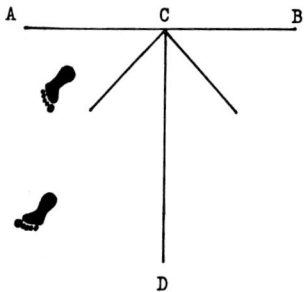

10. In der gleichen Stellung erfolgt ein halbhoher
Fauststoß mit der rechten Faust.
Führe Bewegung 9 und 10 sofort hintereinan-
der aus!

Chongul Chungdan Pandae Chirugi

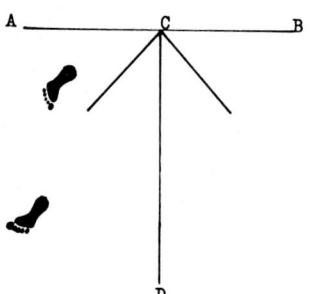

11. Auf dem rechten Fuß um 90° gegen den Uhrzeigersinn (nach links) drehen und den linken Fuß in Richtung „BD" zur linken Vorwärtsstellung setzen. Zugleich erfolgt eine halbhohe Abwehr mit der Innenseite des linken Unterarms.

Chongul Chungdan An Palmok Yop Makki

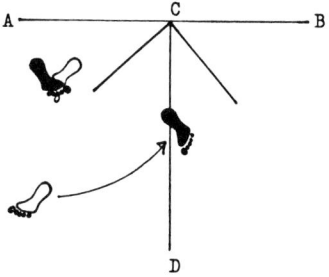

12. Als Gegenangriff erfolgt ein halbhoher Fußstoß nach vorn mit dem rechten Fuß in Richtung „BD". Dabei bleibt die Armhaltung wie bei Bewegung 11.

Chungdan Ap Chagi

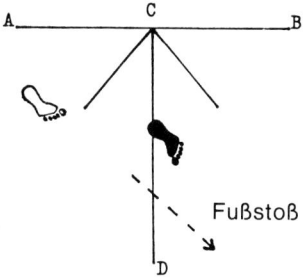

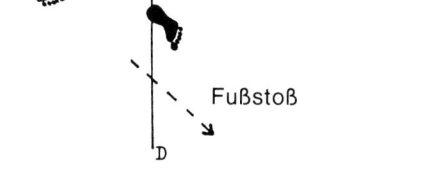

13. Der rechte Fuß wird zur rechten Vorwärtsstellung abgesetzt. Zugleich erfolgt ein halbhoher Fauststoß mit der rechten Faust.

Chongul Chungdan Paro Chirugi

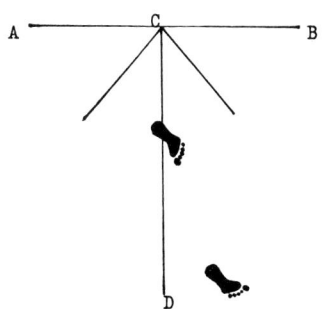

14. In der gleichen Stellung erfolgt ein halbhoher Fauststoß mit der linken Faust.
Führe Bewegung 13 und 14 sofort hintereinander aus!

Chongul Chungdan Pandae Chirugi

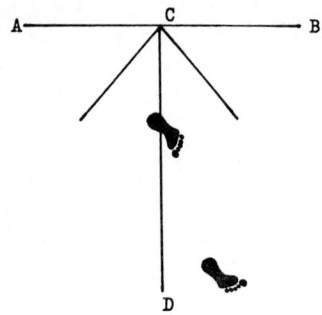

15. Auf dem linken Fuß um 45° im Uhrzeigersinn (nach rechts) drehen und den rechten Fuß in Richtung „D" zur rechten Vorwärtsstellung setzen. Zugleich erfolgt eine hohe Abwehr mit der rechten Handfläche.

Chongul Sangdan Paro Kolchyo Makki

16. In der gleichen Stellung erfolgt eine hohe Abwehr mit der linken Handfläche.
Führe Bewegung 15 und 16 langsam und konzentriert aus!

Chongul Sangdan Pandae Kolchyo Makki

17. In der gleichen Stellung erfolgt ein halbhoher Fauststoß mit der rechten Faust.

Chongul Chungdan Paro Chirugi

18. Linkes Bein in Richtung „D" zur linken Vorwärtsstellung setzen. Zugleich erfolgt eine hohe Abwehr mit der linken Handfläche.

Chongul Sangdan Paro Kolchyo Makki

19. In der gleichen Stellung erfolgt eine hohe Abwehr mit der rechten Handfläche.
Führe Bewegung 18 und 19 langsam und konzentriert aus!

Chongul Sangdan Pandae Kolchyo Makki

20. In der gleichen Stellung erfolgt ein halbhoher Fauststoß mit der linken Faust.

Chongul Chungdan Paro Chirugi

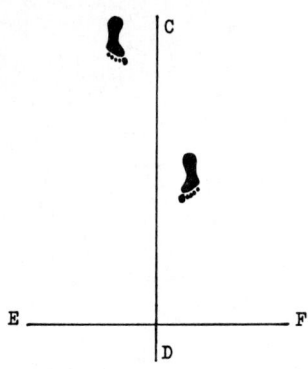

21. Rechtes Bein in Richtung „D" zur rechten Vorwärtsstellung setzen. Zugleich erfolgt ein halbhoher Fauststoß mit der rechten Faust.

Chongul Chungdan Paro Chirugi

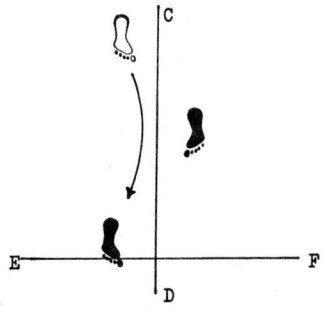

22. Auf dem rechten Fuß zur rechten Kampfstellung in Richtung „D" drehen.

Guboryo Chunbi Sogi

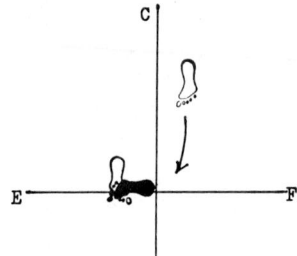

23. Mit dem linken Fuß erfolgt ein halbhoher Seitwärtsfußstoß in Richtung „D".

Chungdan Yop Chagi

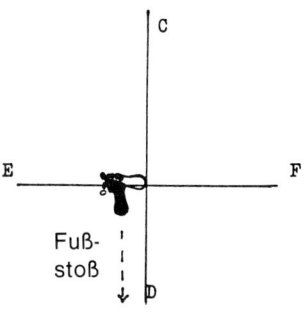

24. Linkes Bein in Richtung „D" zur linken Vorwärtsstellung absetzen. Zugleich erfolgt ein Ellenbogenstoß nach vorn mit dem rechten Arm, dabei wird die linke Handfläche zum Ellenbogen gezogen.

Chongul Pandae Ap Palkup Tulki

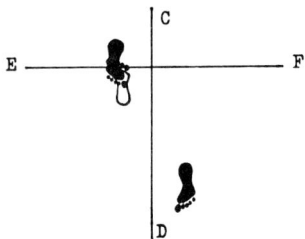

25. Im Uhrzeigersinn um 180° auf dem linken Fuß (nach rechts) zur linken Kampfstellung in Richtung „C" drehen und das rechte Bein anheben.

Goburyo Chunbi Sogi

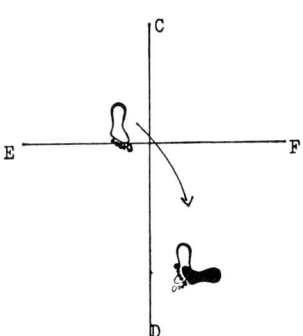

26. Mit dem rechten Fuß erfolgt ein halbhoher Seitwärtsfußstoß in Richtung „C".

Chungdan Yop Chagi

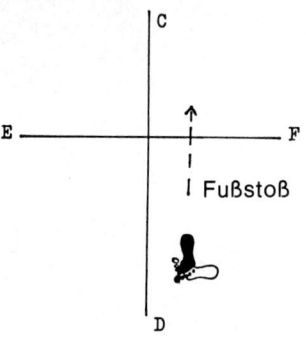

27. Rechtes Bein in Richtung „C" zur rechten Vorwärtsstellung absetzen. Zugleich erfolgt ein Ellenbogenstoß nach vorn mit dem linken Arm, dabei wird die rechte Handfläche zum Ellenbogen gezogen.

Chongul Pandae Ap Palkup Tulki

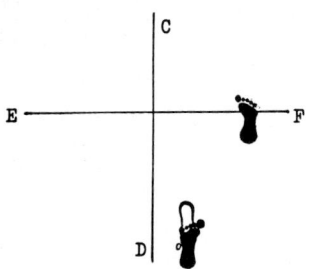

28. Auf dem rechten Fuß um 90° gegen den Uhrzeigersinn (nach links) drehen und den linken Fuß in Richtung „E" zur rechten Rückwärtsstellung setzen. Zugleich erfolgt ein mittlerer und ein hoher Doppelblock mit beiden Außenhandkanten.

Hugul Ssang Sudo Makki

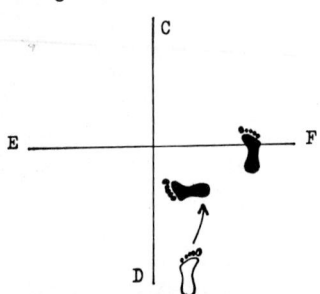

29. Rechtes Bein in Richtung „E" zur rechten Vorwärtsstellung setzen, zugleich erfolgt ein halbhoher Fingerspitzenstoß mit der rechten Hand.

Chongul Chungdan Chongkwansu Paro Tulki

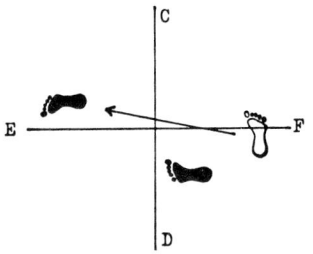

30. Im Uhrzeigersinn um 180° (nach rechts) auf dem linken Fuß drehen und den rechten Fuß in Richtung „F" zur linken Rückwärtsstellung setzen. Zugleich erfolgt ein mittlerer und ein hoher Doppelblock mit beiden Außenhandkanten.

Hugul Ssang Sudo Makki

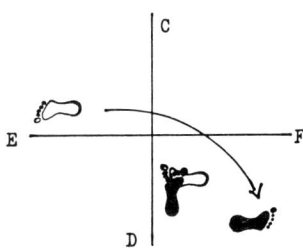

31. Linkes Bein in Richtung „F" zur linken Vorwärtsstellung setzen. Zugleich erfolgt ein halbhoher Fingerspitzenstoß mit der linken Hand.

Chongul Chungdan Chongkwansu Paro Tulki

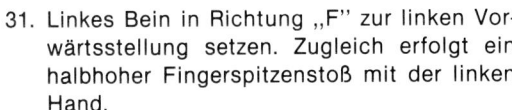

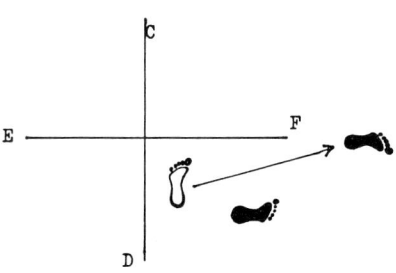

32. Auf dem rechten Fuß gegen den Uhrzeigersinn um 90° (nach links) drehen und den linken Fuß in Richtung „C" zur linken Vorwärtsstellung setzen. Zugleich erfolgt eine obere,
seitliche Abwehr mit der Außenseite des linken Unterarms.

Chongul Sangdan Pakkat Palmok Paro Yop
Makki

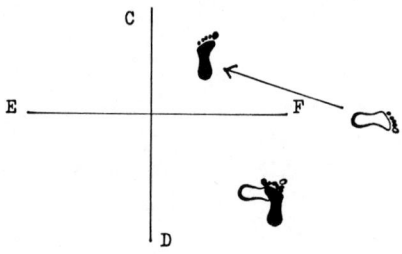

33. In der gleichen Stellung erfolgt ein halbhoher
Fauststoß mit der rechten Faust.

Chongul Chungdan Pandae Chirugi

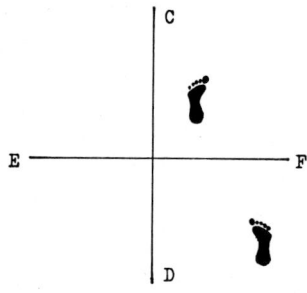

34. Rechtes Bein in Richtung „C" zur rechten
Vorwärtsstellung setzen. Zugleich erfolgt eine obere, seitliche Abwehr mit der Außenseite des rechten Unterarms.

Chongul Sangdan Pakkat Palmok Paro Yop
Makki

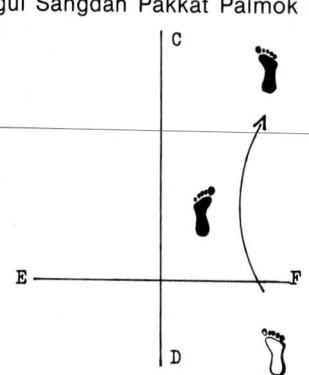

56

35. In der gleichen Stellung erfolgt ein halbhoher Fauststoß mit der linken Faust.

Chongul Chungdan Pandae Chirugi

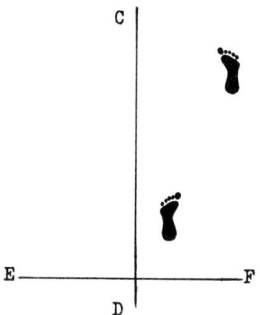

36. Sprung in Richtung „C" zur linken Überkreuzstellung. Zugleich erfolgt ein hoher, seitlicher Faustrückenschlag mit der linken Faust.

Sangdan Rikwon Yop Taerigi in Kyocha Sogi

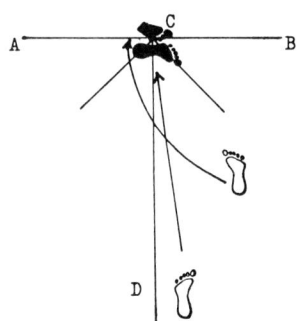

37. Im Uhrzeigersinn um 270° (nach rechts) auf dem linken Fuß drehen und den rechten Fuß in Richtung „A" zur rechten Vorwärtsstellung setzen. Zugleich erfolgt ein hoher Unterarmdoppelblock mit dem rechten Arm.

Chongul Sangdan Tu Palmok Paro Makki

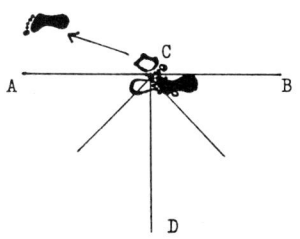

38. Den rechten Fuß an den linken Fuß ziehen, auf dem rechten Fuß um 180° gegen den Uhrzeigersinn (nach links) drehen und den linken Fuß zur linken Vorwärtsstellung in Richtung „B" setzen. Zugleich erfolgt ein hoher Unterarmdoppelblock mit dem linken Arm.

Chongul Sangdan Tu Palmok Paro Makki

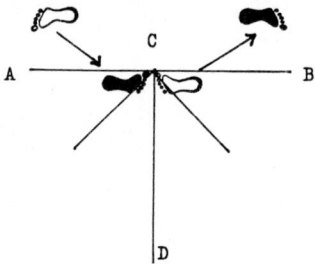

Im Uhrzeigersinn um 90° (nach rechts) auf dem rechten Fuß drehen und den linken Fuß zur Ausgangsstellung ziehen.

Narani Chunbi Sogi

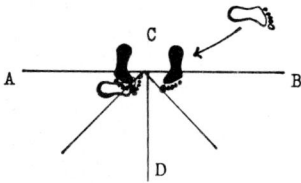

Zum besseren Verständnis haben wir (siehe unten) die Techniken Nr. 25 und 36 aus einer anderen Sicht fotografiert:

25. Goburyo Chunbi Sogi   36. Sangdan Rikwon Yop Taerigi

VI. Chung-Gun Hyong

Der koreanische Patriot, An Chung-Gun, tötete den ersten japanischen Generalgouverneur von Korea, Hiro-Bumi Ito, der im japanisch-koreanischen Krieg eine herausragende Rolle spielte. Im Jahre 1910 wurde An Chung-Gun im Alter von 32 Jahren hingerichtet. Die 32 Bewegungen der Hyong stehen für sein Alter.

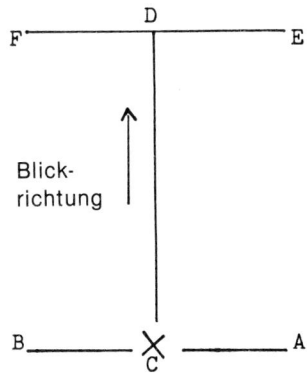

Diagramm 6

Ausgangsstellung:
Moa Sogi

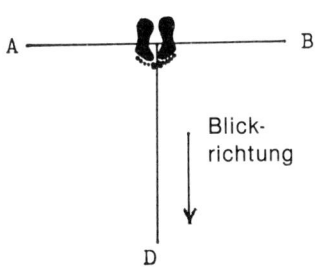

1. Linkes Bein in Richtung „B" zur rechten Rückwärtsstellung setzen. Zugleich erfolgt eine halbhohe Abwehr mit der linken Innenkante.

   Hugul Chungdan Yok Sudo Yop Makki

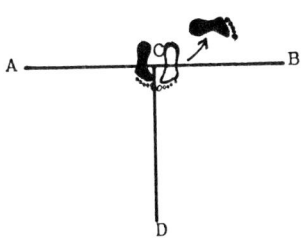

2. Mit dem linken Fuß erfolgt ein halbhoher Fußstoß nach vorn in Richtung „B".

Chungdan Ap Chagi

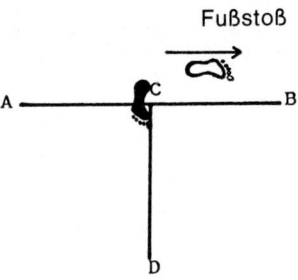

3. Den linken Fuß in Richtung „B" absetzen, dann den rechten Fuß in Richtung „B" zur kurzen linken Rückwärtsstellung setzen. Zugleich erfolgt eine halbhohe Abwehr mit der rechten Handfläche nach oben.

Dytpal Chungdan Changkwon Ollyo Makki

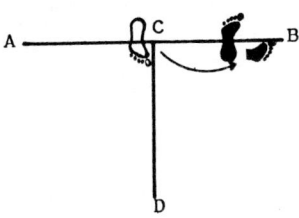

4. Auf dem linken Fuß im Uhrzeigersinn um 180° (nach links) drehen und den rechten Fuß in Richtung „A" zur linken Rückwärtsstellung setzen. Zugleich erfolgt eine halbhohe Abwehr mit der rechten Innenhandkante.

Hugul Chungdan Yok Sudo Yop Makki

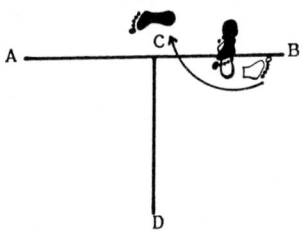

5. Mit dem rechten Fuß erfolgt ein halbhoher Fußstoß nach vorn in Richtung „A".

Chungdan Ap Chagi

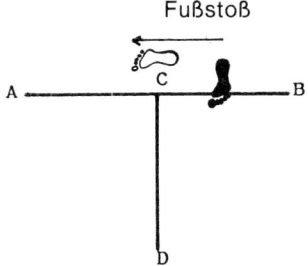

6 Den rechten Fuß in Richtung „A" absetzen, dann den linken Fuß in Richtung „A" zur kurzen rechten Rückwärtsstellung setzen. Zugleich erfolgt eine halbhohe Abwehr mit der linken Handfläche nach oben.

Dytpal Chungdan Changkwon Ollyo Makki

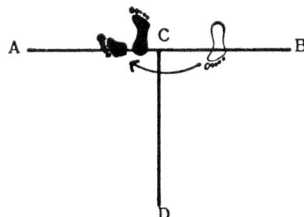

7. Auf dem rechten Fuß gegen den Uhrzeigersinn um 90° (nach links) drehen, den linken Fuß in Richtung „D" zur rechten Rückwärtsstellung setzen. Zugleich erfolgt ein halbhoher Schutzblock mit beiden Außenhandkanten.

Hugul Chungdan Sudo Taebi Makki

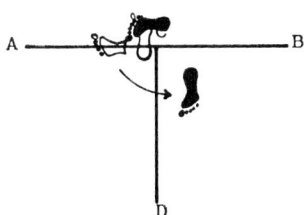

8. Den linken Fuß in Richtung „D" zur linken Vorwärtsstellung setzen. Zugleich erfolgt ein Ellenbogenschlag nach oben mit dem rechten Arm.

Chongul Sangdan Yt Palkup Tulki

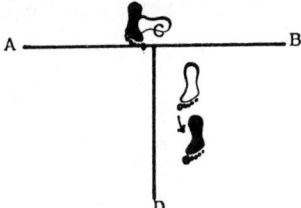

9. Den rechten Fuß in Richtung „D" zur linken Rückwärtsstellung setzen. Zugleich erfolgt ein halbhoher Schutzblock mit beiden Außenhandkanten.

Hugul Chungdan Sudo Taebi Makki

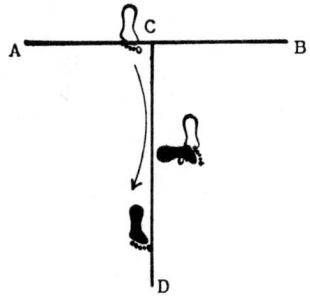

10. Den rechten Fuß in Richtung „D" zur rechten Vorwärtsstellung setzen. Zugleich erfolgt ein Ellenbogenschlag nach oben mit dem linken Arm.

Chongul Sangdan Yt Palkup Tulki

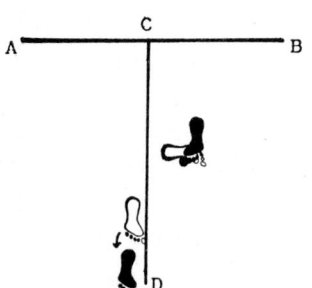

11. Den linken Fuß in Richtung „D" zur linken Vorwärtsstellung setzen, zugleich erfolgt ein gleichzeitiger Doppelfauststoß nach oben.

Chongul Sangdan Ssang Kwon Sewo Chirugi

12. Den rechten Fuß in Richtung „D" zur rechten Vorwärtsstellung setzen. Zugleich erfolgt ein gleichzeitiger, umgedrehter Doppelfauststoß halbhoch.

Chongul Chungdan Ssang Kwon Tyjibo Chirugi

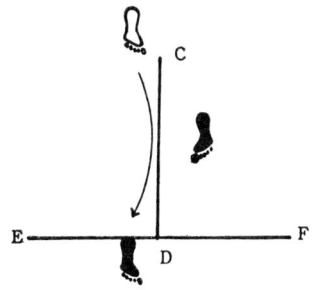

13. Gegen den Uhrzeigersinn um 180° (nach links) auf der Stelle zur linken Vorwärtsstellung in Richtung „C" drehen. Zugleich erfolgt ein Kreuzaufwärtsblock mit beiden Fäusten.

Chongul Sangdan Palmok Kyocho Makki

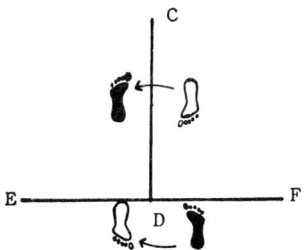

63

14. Auf dem rechten Fuß gegen den Uhrzeigersinn um 90° (nach links) drehen, das linke
Bein in Richtung „E" zur rechten Rückwärtsstellung absetzen. Zugleich erfolgt ein hoher
seitlicher Faustrückenschlag mit der linken
Faust.

Hugul Sangdan Rikwon Pandae Yop Tearigi

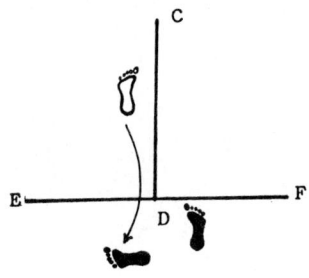

15. Den linken Fuß zur linken Vorwärtsstellung
in Richtung „E" setzen. Zugleich wird die linke Faust nach rechts heruntergezogen, bis
der Faustrücken nach unten zeigt. (Befreiung
des festgehaltenen Armes).
Führe Bewegung 14 und 15 sofort hintereinander aus!

Chongul Sogi

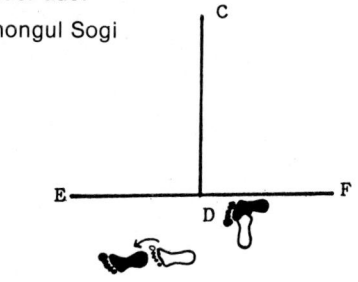

16. In der gleichen Stellung erfolgt sofort ein Gegenangriff der rechten Faust mit einem hohen Fauststoß.

Chongul Sangdan Pandae Chirugi

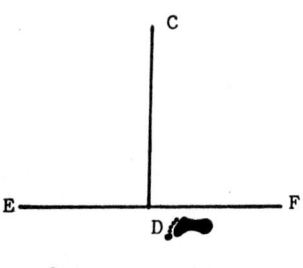

17. Den linken Fuß an den rechten heranziehen, auf dem linken Fuß um 180° im Uhrzeigersinn (nach rechts) drehen und den rechten Fuß zur linken Rückwärtsstellung in Richtung „F" setzen. Zugleich erfolgt ein hoher seitlicher Faustrückenschlag mit der rechten Faust.

Hugul Sangdan Rikwon Pandae Yop Taerigi

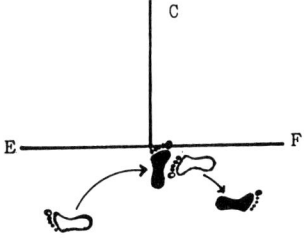

18. Den rechten Fuß zur rechten Vorwärtsstellung in Richtung „F" setzen. Zugleich wird die rechte Faust nach links heruntergezogen, bis der Faustrücken nach unten zeigt (Befreiung des festgehaltenen Armes).
Führe Bewegung 17 und 18 sofort hintereinander aus!

Chongul Sogi

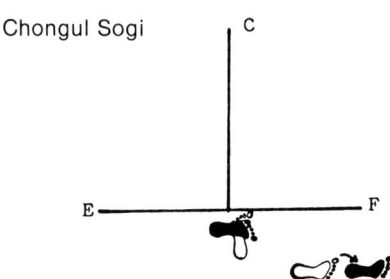

19. In der gleichen Stellung erfolgt sofort ein Gegenangriff der linken Faust mit einem hohen Fauststoß.

Chongul Sangdan Pandae Chirugi

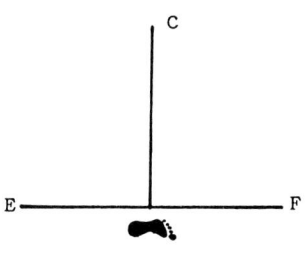

20. Den rechten Fuß an den linken heranziehen, auf dem rechten Fuß gegen den Uhrzeigersinn um 90° (nach links) drehen und das linke Bein zur linken Vorwärtsstellung in Richtung „C" setzen. Zugleich erfolgt ein hoher Unterarmdoppelblock mit dem linken Arm.

Chongul Sangdan Tu Palmok Paro Makki

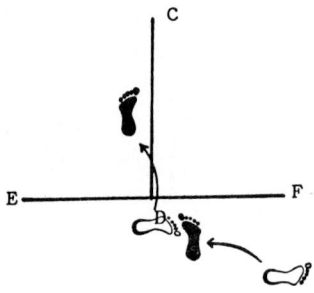

21. Den linken Fuß zur rechten Rückwärtsstellung umsetzen, zugleich erfolgt ein halbhoher Fauststoß mit der linken Faust.

Hugul Chungdan Pandae Chirugi

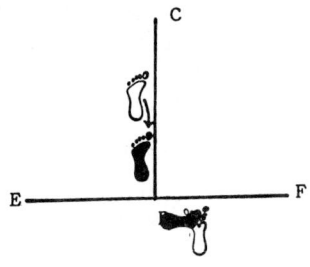

22. Mit dem rechten Fuß erfolgt ein halbhoher Seitwärtsfußstoß in Richtung „C".

Chungdan Yop Chagi

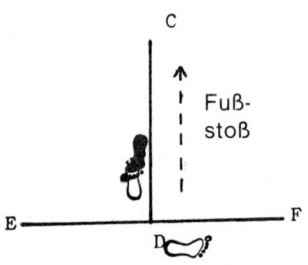

23. Den rechten Fuß zur rechten Vorwärtsstellung in Richtung „C" absetzen. Zugleich erfolgt ein hoher Unterarmdoppelblock mit dem rechten Arm.

Chongul Sangdan Tu Palmok Paro Makki

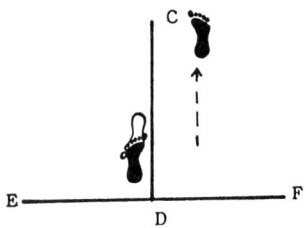

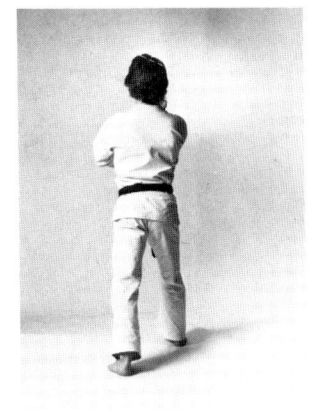

24. Den rechten Fuß zur linken Rückwärtsstellung umsetzen, zugleich erfolgt ein halbhoher Fauststoß mit der rechten Faust.

Hugul Chungdan Pandae Chirugi

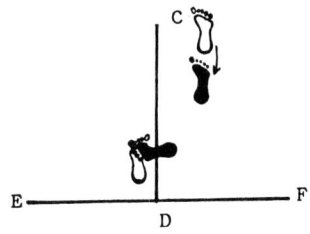

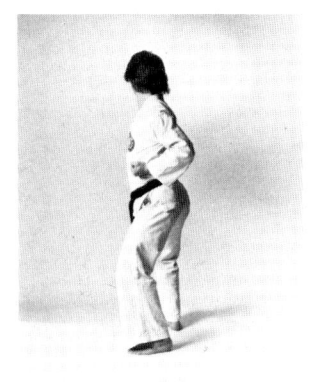

25. Mit dem linken Fuß erfolgt ein halbhoher Seitwärtsfußstoß in Richtung „C".

Chungdan Yop Chagi

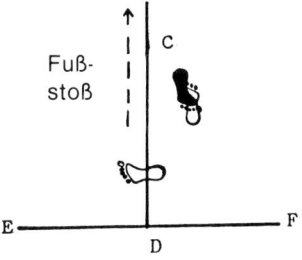

26. Den linken Fuß zur rechten Rückwärtsstellung in Richtung „C" absetzen. Zugleich erfolgt ein halbhoher Schutzblock mit den Außenseiten beider Unterarme.

Hugul Chungdan Pakkat Palmok Taebi Makki

27. Den linken Fuß zur linken Vorwärtsstellung in Richtung „C" setzen. Zugleich erfolgt eine Doppelabwehr mit der linken Handfläche nach oben und der rechten nach unten.

Chongul Ssang Changgwon Nullo Makki

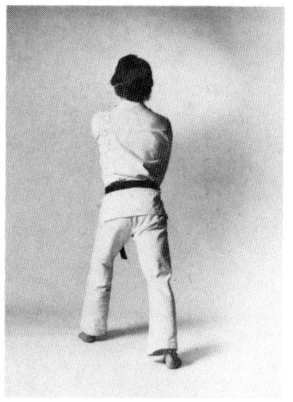

28. Den rechten Fuß zur linken Vorwärtsstellung in Richtung „C" setzen. Zugleich erfolgt ein halbhoher Schutzblock mit den Außenseiten beider Unterarme.

Hugul Chungdan Pakkat Palmok Taebi Makki

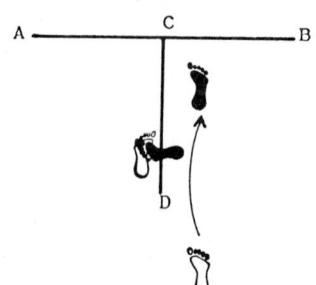

29. Den rechten Fuß zur rechten Vorwärtsstellung in Richtung „C" setzen. Zugleich erfolgt eine Doppelabwehr mit der rechten Handfläche nach oben und der linken nach unten.

Chongul Ssang Changgwon Nullo Makki

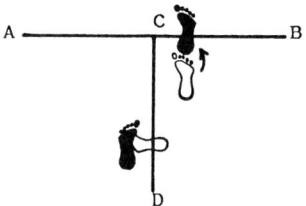

30. Den linken Fuß an den rechten ziehen, gleichzeitig auf dem rechten Fuß gegen den Uhrzeigersinn um 90° (nach links) zur geschlossenen Fußstellung drehen. Zugleich erfolgt ein horizontaler Haken mit der rechten Faust.

Dolyo Chirugi in Moa Sogi

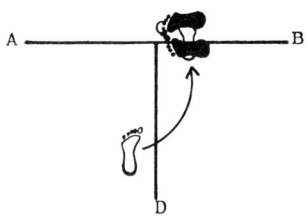

31. Den rechten Fuß in Richtung „A" zur linken Rückwärtsstellung setzen. Zugleich erfolgt eine Stockabwehr mit beiden Händen, wobei die Abwehrstelle zwischen Daumen und Zeigefinger liegt.

Hugul Mongdungi Makki

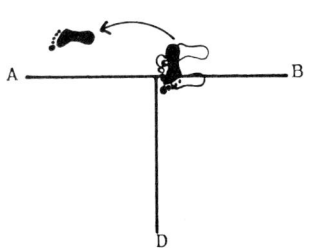

32. Den rechten Fuß an den linken heranziehen, um 180° gegen den Uhrzeigersinn (nach links) drehen und den linken Fuß zur rechten Rückwärtsstellung in Richtung „B" setzen. Zugleich erfolgt eine Stockabwehr mit beiden Händen, wobei die Abwehrstelle zwischen Daumen und Zeigefinger liegt.

Hugul Mongdungi Makki

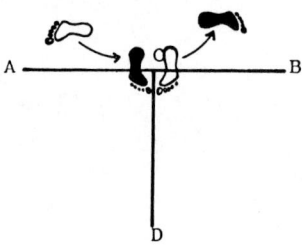

Den linken Fuß zur Ausgangsstellung zurückziehen.

Moa Sogi

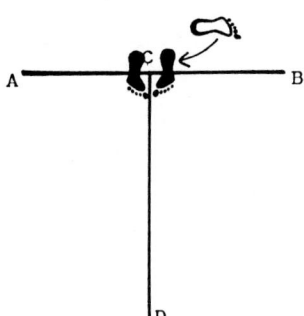

70

Zum besseren Verständnis haben wir die Techniken Nr. 20-22 und Nr. 26/27 noch aus einer anderen Sicht fotografiert:

20. Chongul Sangdan Tu   21. Hugul Chungdan   22. Chungdan Yop Chagi
    Palmok Paro Makki   Pandae Chirugi

26. Hugul Chungdan Pakkat   27. Chongul Ssang Changgwon
    Palmok Taebi Makki   Nullo Makki

VII. T'oi-Gye Hyong

T'oi-Gye war ein berühmter koreanischer Gelehrter des 16. Jahrhunderts, der unter diesem Namen als Schriftsteller arbeitete.
Die 37 Bewegungen der Hyong stehen für seinen Geburtsort am 37. Breitengrad.

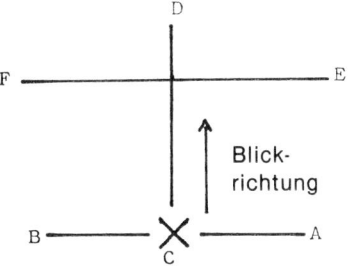

Diagramm 7

Ausgangsstellung:
Moa Sogi

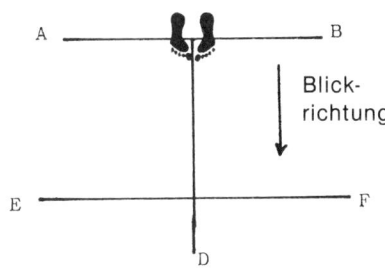

1. Linkes Bein in Richtung „B" zur rechten Rückwärtsstellung setzen. Zugleich erfolgt eine halbhohe Abwehr mit der Innenseite des linken Unterarms.

Hugul Chungdan An Palmok Makki

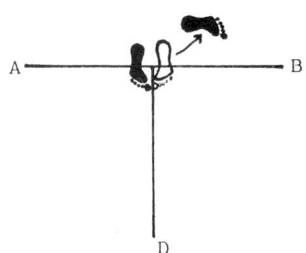

73

2. Den linken Fuß in Richtung „B" zur linken Vorwärtsstellung setzen. Zugleich erfolgt ein Fingerspitzenstoß nach unten mit der rechten umgedrehten Hand. Gleichzeitig wird die linke Handkante zur rechten Schulter gebracht.

Chongul Hadan Pyonggwansu Tulki

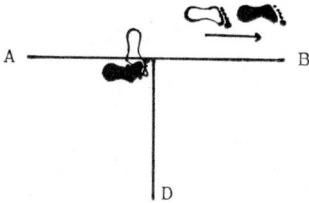

3. Den linken Fuß an den rechten heranziehen dabei um 90° im Uhrzeigersinn (nach rechts) in Richtung „D" drehen. Zugleich erfolgt eine halbhohe Abwehr mit der Außenseite des rechten Unterarms und eine untere Abwehr mit der Außenseite des linken Unterarms.

Chungdan Pakkat Palmok Yop Makki und Hadan Pakkat Palmok Makki in Moa Sogi

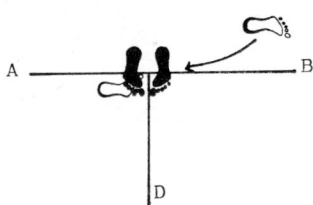

4. Rechtes Bein in Richtung „A" zur linken Rückwärtsstellung setzen. Zugleich erfolgt eine halbhohe Abwehr mit der Innenseite des linken Unterarms.

Hugul Chungdan An Palmok Makki

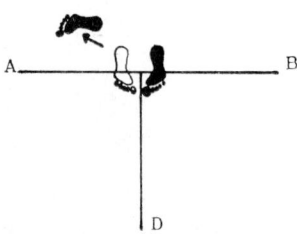

5. Den rechten Fuß in Richtung „A" zur rechten Vorwärtsstellung setzen, zugleich erfolgt ein Fingerspitzenstoß nach unten mit der linken umgedrehten Hand. Gleichzeitig wird die rechte Handkante zur linken Schulter gebracht.

Chongul Hadan Pyonggwansu Tulki

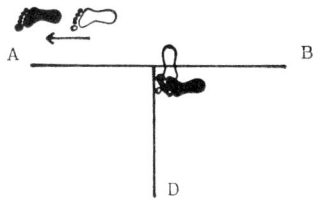

6. Den rechten Fuß an den linken heranziehen, dabei um 90° gegen den Uhrzeigersinn (nach links) in Richtung „D" drehen. Zugleich erfolgt eine halbhohe Abwehr mit der Außenseite des linken Unterarms und eine untere Abwehr mit der Außenseite des rechten Unterarms.

Chungdan Pakkat Palmok Yop Makki und Hadan Pakkat Palmok Makki in Moa Sogi

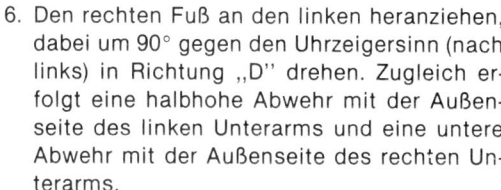

7. Linkes Bein in Richtung „D" zur linken Vorwärtsstellung setzen. Zugleich erfolgt eine untere Abwehr mit gekreuzten Fäusten.

Chongul Hadan Kyocha Nullo Makki

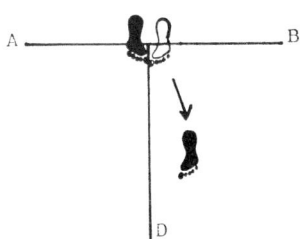

8. In der gleichen Stellung erfolgt ein gleichzeitiger Doppelfauststoß nach oben.
Führe Bewegung 7 und 8 sofort hintereinander aus!

Chongul Sangdan Ssang Kwon Sewo Chirugi

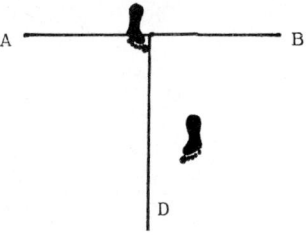

9. Mit dem rechten Fuß erfolgt ein halbhoher Fußstoß in Richtung „D". Dabei bleibt die Armhaltung wie in Bewegung 8.

Chungdan Ap Chagi

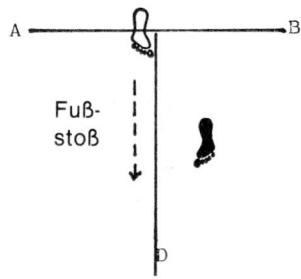

10. Den rechten Fuß in Richtung „D" zur rechten Vorwärtsstellung absetzen. Zugleich erfolgt ein halbhoher Fauststoß mit der rechten Faust.

Chongul Chungdan Paro Chirugi

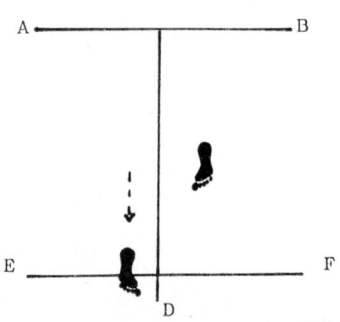

11. In der gleichen Stellung erfolgt ein halbhoher Fauststoß mit der linken Faust.
Führe Bewegung 10 und 11 sofort hintereinander aus!

Chongul Chungdan Pandae Chirugi

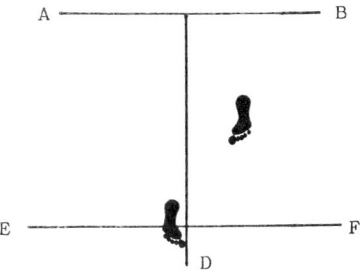

12. Den linken Fuß an den rechten heranziehen. Dabei dreht man sich auf dem rechten Fuß um 90° gegen den Uhrzeigersinn (nach links) in Richtung „F". Zugleich werden beide Fäuste an die Hüften gedrückt.

Moa Sogi

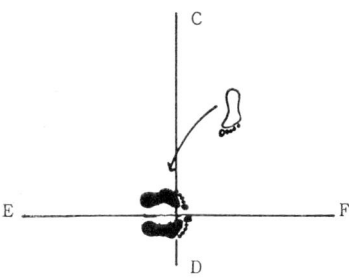

13. Mit dem rechten Fuß erfolgt eine halbhohe Abwehr in Richtung „F". Der Fuß wird stampfend zur Seitwärtsstellung in Richtung „F" abgesetzt.

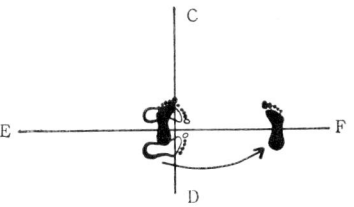

noch zu Bewegung 13 — Zugleich erfolgt mit beiden Armen gleichzeitig eine hohe Seitwärtsabwehr.

Chungdan Pandal Chagi und Kima Sangdan Pakkat Palmok San Makki

14. Mit dem linken Fuß erfolgt eine halbhohe Abwehr in Richtung „F". Der Fuß wird stampfend zur Seitwärtsstellung in Richtung „F" abgesetzt.

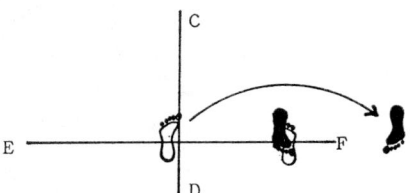

noch zu Bewegung 14 — Zugleich erfolgt mit beiden Armen gleichzeitig eine hohe Seitwärtsabwehr.

Chungdan Pandal Chagi und Kima Sangdan Pakkat Palmok San Makki

15. Mit dem linken Fuß erfolgt eine halbhohe Abwehr in Richtung „E". Der Fuß wird stampfend zur Seitwärtsstellung in Richtung „E" abgesetzt. Zugleich erfolgt eine hohe Seitwärtsabwehr mit beiden Armen gleichzeitig.

Chungdan Pandal Chagi und Kima Sangdan Pakkat Palmok San Makki

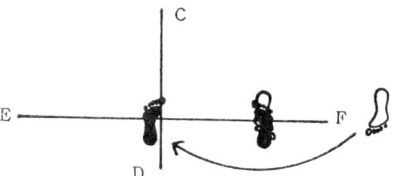

16. Mit dem rechten Fuß erfolgt eine halbhohe Abwehr in Richtung „E". Der Fuß wird stampfend zur Seitwärtsstellung in Richtung „E" abgesetzt. Zugleich erfolgt eine hohe Seitwärtsabwehr mit beiden Armen gleichzeitig.

Chungdan Pandal Chagi und Kima Sangdan Pakkat Palmok San Makki

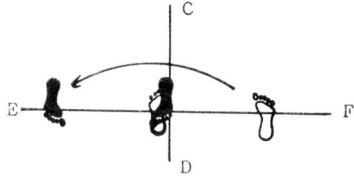

17. Mit dem linken Fuß erfolgt eine halbhohe Abwehr in Richtung „E". Der Fuß wird stampfend zur Seitwärtsstellung in Richtung „E" abgesetzt. Zugleich erfolgt eine hohe Seitwärtsabwehr mit beiden Armen gleichzeitig.

Chungdan Pandal Chagi und Kima Sangdan Pakkat Palmok San Makki

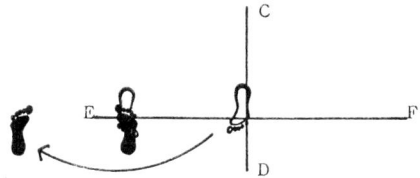

18. Mit dem linken Fuß erfolgt eine halbhohe Abwehr in Richtung „F". Der Fuß wird stampfend zur Seitwärtsstellung in Richtung „F" abgesetzt. Zugleich erfolgt eine hohe Seitwärtsabwehr mit beiden Armen gleichzeitig.

Chungdan Pandal Chagi und Kima Sangdan Pakkat Palmok San Makki

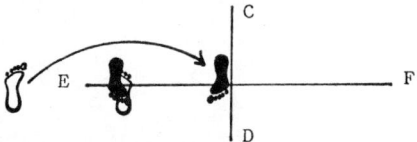

19. Den rechten Fuß an den linken heranziehen, den linken Fuß zur rechten Rückwärtsstellung in Richtung „D" setzen. Zugleich erfolgt ein tiefer Unterarmdoppelblock mit dem linken Arm, wobei der eine Arm den Block ausführt und der andere Arm die Abwehr am Ellbogen unterstützt.

Hugul Hadan Tu Palmok Paro Makki

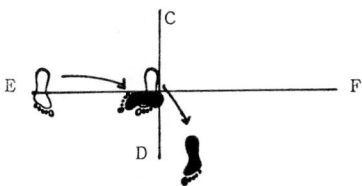

20. Den linken Fuß zur linken Vorwärtsstellung in Richtung „D" setzen. Zugleich erfassen beide Hände den Kopf des (imaginären) Gegners.

Chongul Sogi

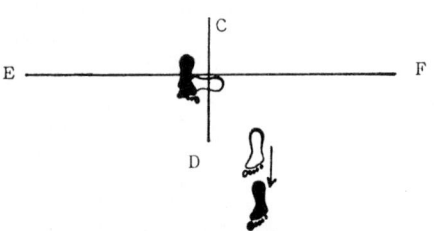

21. Die Hände ziehen den Kopf des Gegners herunter. Zugleich erfolgt ein Aufwärtsstoß mit dem rechten Knie.

Murup Ap Chagi

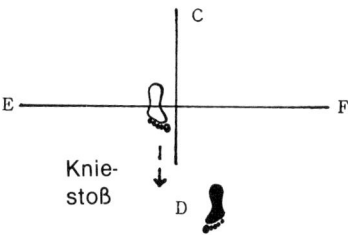

22. Den rechten Fuß am linken absetzen. Dann erfolgt auf dem rechten Fuß eine Drehung um 180° gegen den Uhrzeigersinn (links herum) und der linke Fuß wird in Richtung „C" zur rechten Rückwärtsstellung abgesetzt. Zugleich erfolgt ein halbhoher Schutzblock mit beiden Außenhandkanten.

Hugul Chungdan Sudo Taebi Makki

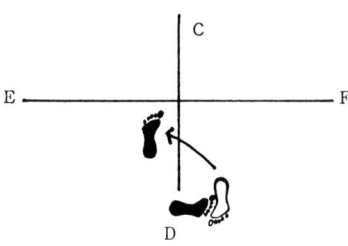

23. Mit dem linken Fuß erfolgt ein halbhoher Fußstoß nach vorn in Richtung „C".

Chungdan Ap Chagi

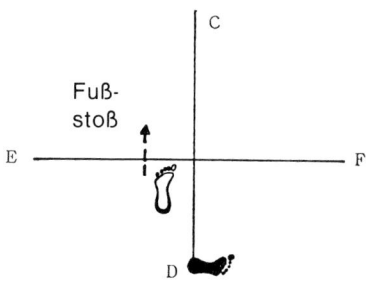

24. Den linken Fuß in Richtung „C" zur linken Vorwärtsstellung absetzen. Zugleich erfolgt ein hoher Fingerspitzenstoß mit der linken Hand.

Chongul Sangdan Pyongkwansu Paro Tulki

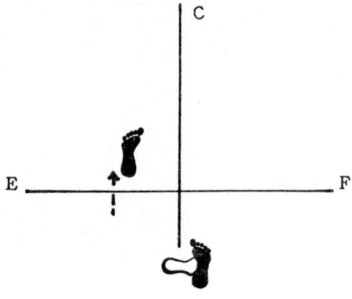

25. Den rechten Fuß in Richtung „C" zur linken Rückwärtsstellung setzen. Zugleich erfolgt ein halbhoher Schutzblock mit beiden Außenhandkanten.

Hugul Chungdan Sudo Taebi Makki

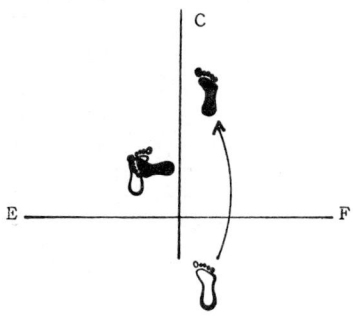

26. Mit dem rechten Fuß erfolgt ein halbhoher Fußstoß nach vorn in Richtung „C".

Chungdan Ap Chagi

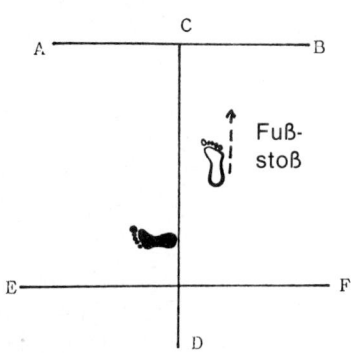

27. Den rechten Fuß in Richtung „C" zur rechten Vorwärtsstellung absetzen. Zugleich erfolgt ein hoher Fingerspitzenstoß mit der rechten Hand.

Chongul Sangdan Pyongkwansu Paro Tulki

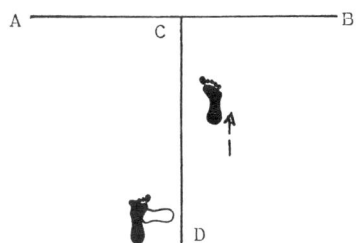

28. Den rechten Fuß in Richtung „D" zur linken Rückwärtsstellung zurücksetzen. Zugleich erfolgt mit dem linken Arm eine untere Abwehr in Richtung „C" und gleichzeitig mit dem rechten Arm ein hoher Faustrückenschlag in Richtung „D".

Hugul Hadan Pakkat Palmok Makki und Sangdan Rikwon Dyt Taerigi

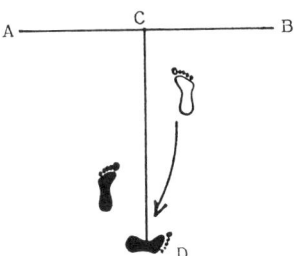

29. Um einem (vorgestellten) tiefen Stockangriff zu entgehen, erfolgt ein Sprung in Richtung „C" (mehr **hoch** als weit) zur rechten Überkreuzstellung.

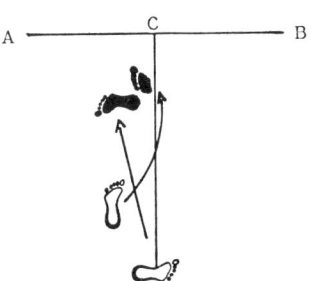

noch zu Bewegung 29 — Zugleich erfolgt ein Kreuzblock mit beiden Fäusten nach unten.

Kyocha Nullo Makki in Kyocha Sogi

30. Den rechten Fuß in Richtung „C" zur rechten Vorwärtsstellung setzen. Zugleich erfolgt ein hoher Unterarmdoppelblock mit dem rechten Arm, wobei der eine Arm den Block ausführt und der andere Arm die Abwehr am Ellbogengelenk unterstützt.

Chongul Sangdan Tu Palmok Paro Makki

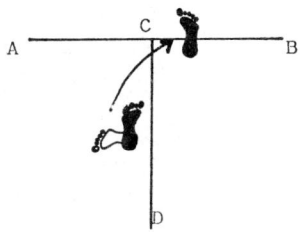

31. Auf dem rechten Fuß gegen den Uhrzeigersinn um 270° (nach links) drehen und den linken Fuß in Richtung „B" zur rechten Rückwärtsstellung setzen. Zugleich erfolgt ein tiefer Schutzblock mit beiden Außenhandkanten.

Hugul Hadan Sudo Taebi Makki

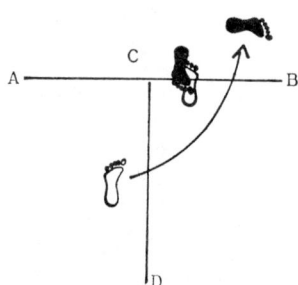

32. Den linken Fuß in Richtung „B" zur linken Vorwärtsstellung setzen. Zugleich erfolgt ein Kreisblock mit der Innenseite des rechten Unterarms.

Chongul An Palmok Tolimyo Makki

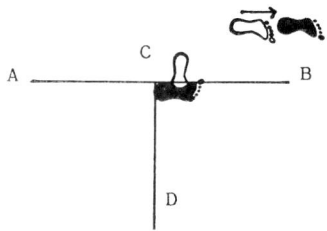

33. Den linken Fuß an den rechten heranziehen. Auf dem linken Fuß um 180° im Uhrzeigersinn (nach rechts) drehen und den rechten Fuß in Richtung „A" zur linken Rückwärtsstellung setzen. Zugleich erfolgt ein tiefer Schutzblock mit beiden Außenhandkanten.

Hugul Hadan Sudo Taebi Makki

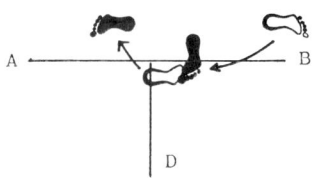

34. Den rechten Fuß in Richtung „A" zur rechten Vorwärtsstellung setzen. Zugleich erfolgt ein Kreisblock mit der Innenseite des linken Unterarms.

Chongul An Palmok Tolimyo Makki

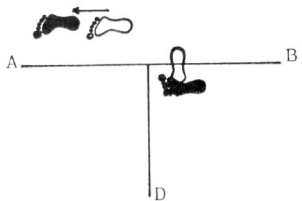

35. Gegen den Uhrzeigersinn um 90° (nach links) auf beiden Füßen drehen. Zugleich erfolgt ein Kreisblock mit der Innenseite des rechten Unterarms.

Chongul An Palmok Tolimyo Makki

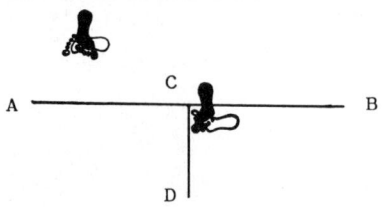

36. Im Uhrzeigersinn um 90° (nach rechts) drehen. Zugleich erfolgt ein Kreisblock mit der Innenseite des linken Unterarms.

Chongul An Palmok Tolimyo Makki

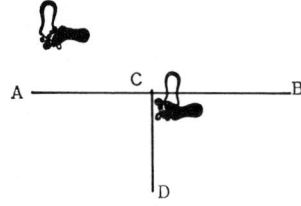

37. Gegen den Uhrzeigersinn um 90° (nach links) auf dem linken Fuß drehen und den rechten Fuß auf die Linie „AB" zur Seitwärtsstellung setzen. Zugleich erfolgt ein halbhoher Fauststoß mit der rechten Faust.

Kima Chungdan Chirugi

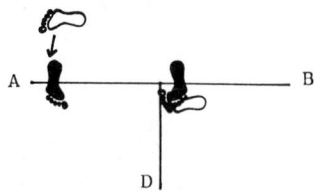

Rechtes Bein zur Ausgangsstellung heranziehen.

Moa Sogi

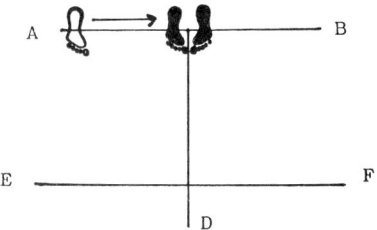

VIII. Hwa-Rang Hyong

Hwa-Rang war eine koreanische Jugendorganisation, die vor ca. 1350 Jahren entstand. Bei den Bemühungen, die drei Königreiche Koreas zu vereinen, war diese Jugendbewegung eine führende Kraft.

Die Hyong hat 30 Bewegungen.

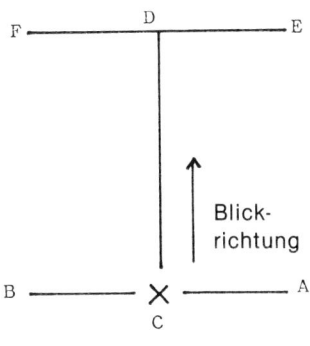

Diagramm 8

Ausgangsstellung:
Moa Sogi

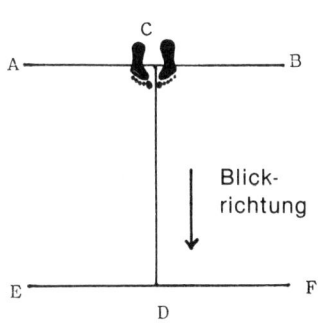

1. Das linke Bein wird in Richtung „B" zur Seitwärtsstellung gesetzt. Zugleich erfolgt eine halbhohe Abwehr mit der linken Handfläche.

   Kima Chungdan Changgwon Miro Makki

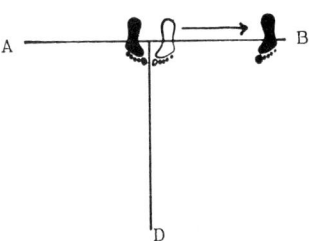

89

2. In der gleichen Stellung erfolgt ein halbhoher Fauststoß mit der rechten Faust.

Kima Chungdan Chirugi

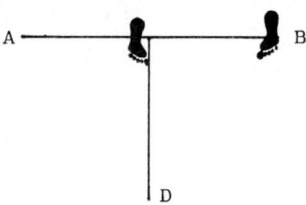

3. In der gleichen Stellung erfolgt ein halbhoher Fauststoß mit der linken Faust.

Führe Bewegung 2 und 3 sofort hintereinander aus!

Kima Chungdan Chirugi

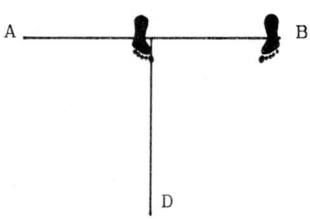

4. Auf dem linken Fuß um 90° im Uhrzeigersinn (nach rechts) drehen und den rechten Fuß zur linken Rückwärtsstellung in Richtung „A" zurücksetzen. Zugleich erfolgt ein halbhoher und ein hoher Doppelblock mit den Außenseiten der Unterarme.

Hugul Ssang Pakkat Palmok Makki

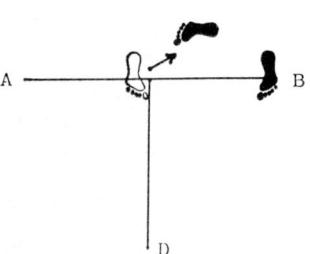

5. In der gleichen Stellung wird die rechte Faust vor die linke Schulter gezogen. Gleichzeitig erfolgt ein Aufwärtshaken mit der linken Faust.

Hugul Paro Ollyo Chirugi

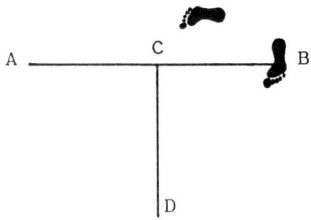

6. In der gleichen Stellung erfolgt ein halbhoher Fauststoß mit der rechten Faust.

Hugul Chungdan Pandae Chirugi

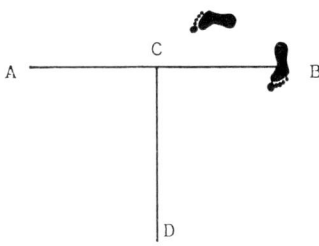

7. Den rechten Fuß zur kurzen linken Rückwärtsstellung zurückziehen. Zugleich erfolgt ein Abwärtsschlag mit der rechten Handkante in Richtung „A".

Sudo Naeryo Taerigi

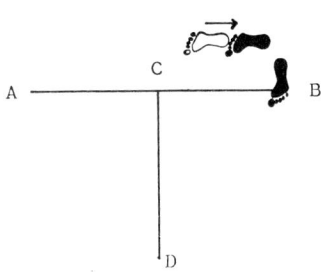

8. Den linken Fuß zur linken Vorwärtsstellung in Richtung „A" setzen. Zugleich erfolgt ein halbhoher Fauststoß mit der linken Faust.

Chongul Chungdan Paro Chirugi

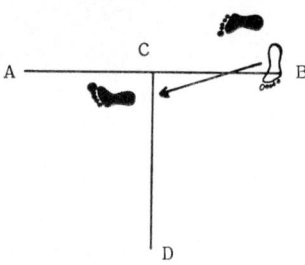

9. Auf dem rechten Fuß um 90° gegen den Uhrzeigersinn (nach links) drehen und den linken Fuß in Richtung „D" zur linken Vorwärtsstellung setzen. Zugleich erfolgt eine untere Abwehr mit der Außenseite des linken Unterarms.

Chongul Hadan Pakkat Palmok Paro Makki

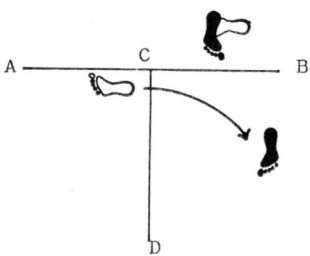

10. Rechtes Bein in Richtung „D" zur rechten Vorwärtsstellung setzen. Zugleich erfolgt ein halbhoher Fauststoß mit der rechten Faust.

Chongul Chungdan Paro Chirugi

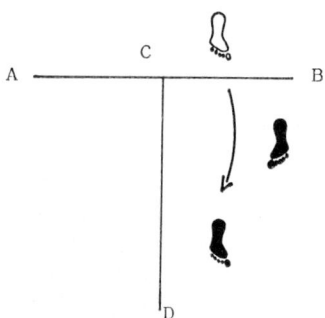

11. Den linken Fuß an den rechten heranziehen. Gleichzeitig ergreift die linke Hand die rechte Faust und zieht die (vom imaginären Gegner festgehaltene) Faust zurück, dann erfolgt mit dem rechten Fuß ein halbhoher Seitwärtsfußstoß in Richtung „D".

Chungdan Yop Chagi

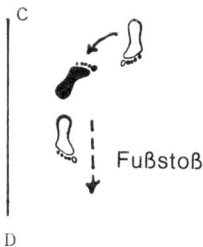

12. Der rechte Fuß wird in Richtung „D" zur linken Rückwärtsstellung abgesetzt. Zugleich erfolgt ein halbhoher Schlag seitwärts mit der rechten Außenhandkante.

Hugul Chungdan Sudo Pandae Yop Taerigi

13. Den linken Fuß in Richtung „D" zur linken Vorwärtsstellung setzen. Zugleich erfolgt ein halbhoher Fauststoß mit der linken Faust.

Chongul Chungdan Paro Chirugi

93

14. Den rechten Fuß in Richtung „D" zur rechten Vorwärtsstellung setzen. Zugleich erfolgt ein halbhoher Fauststoß mit der rechten Faust.

Chongul Chungdan Paro Chirugi

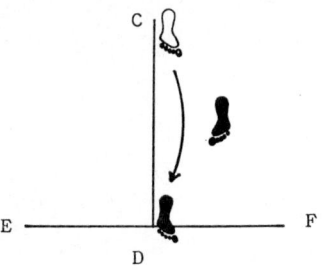

15. Auf dem rechten Fuß um 270° gegen den Uhrzeigersinn (nach links) drehen und den linken Fuß in Richtung „E" zur rechten Rückwärtsstellung setzen. Zugleich erfolgt ein halbhoher Schutzblock mit beiden Außenhandkanten.

Hugul Chungdan Sudo Taebi Makki

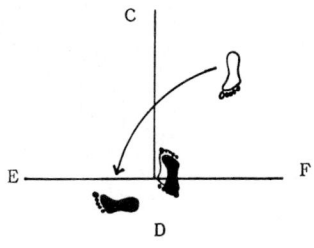

16. Rechtes Bein in Richtung „E" zur rechten Vorwärtsstellung setzen. Zugleich erfolgt ein halbhoher Fingerspitzenstoß mit der rechten Hand.

Chongul Chungdan Chongkwansu Paro Tulki

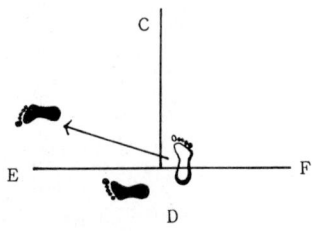

17. Auf dem rechten Fuß um 180° gegen den Uhr-
    zeigersinn (nach links) drehen und den linken
    Fuß in Richtung „F" zur rechten Rückwärts-
    stellung setzen. Zugleich erfolgt mit beiden
    Außenhandkanten ein halbhoher Schutz-
    block.

    Hugul Chungdan Sudo Taebi Makki

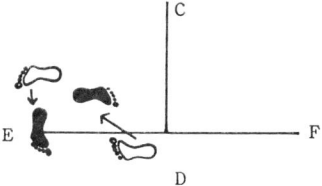

18. Mit dem rechten Fuß erfolgt ein hoher Halb-
    kreisfußstoß in Richtung „F".

    Sangdan Dolyo Chagi

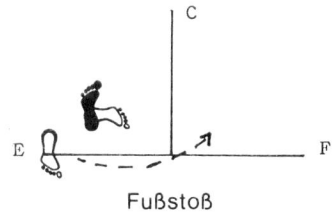

Fußstoß

19. Den rechten Fuß in Richtung „F" zur linken
    Rückwärtsstellung absetzen. Dann erfolgt
    mit dem linken Fuß ein hoher Halbkreisfuß-
    stoß in Richtung „F".
    Führe Bewegung 18 und 19 sofort hinterein-
    ander aus!

    Sangdan Dolyo Chagi

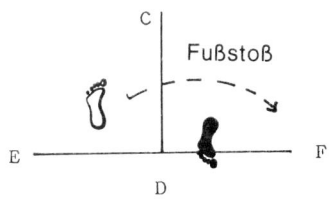

Fußstoß

20. Den linken Fuß in Richtung „F" zur rechten Rückwärtsstellung absetzen. Zugleich erfolgt ein halbhoher Schutzblock mit beiden Außenhandkanten.

Hugul Chungdan Sudo Taebi Makki

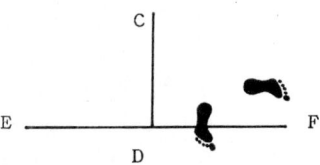

21. Auf dem rechten Fuß um 90° gegen den Uhrzeigersinn (nach links) drehen und den linken Fuß zur linken Vorwärtsstellung in Richtung „C" setzen. Zugleich erfolgt eine untere Abwehr mit der Außenseite des linken Unterarms.

Chongul Hadan Pakkat Palmok Paro Makki

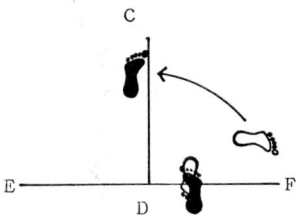

22. Den linken Fuß zur rechten Rückwärtsstellung umsetzen. Zugleich erfolgt ein halbhoher Fauststoß mit der rechten Faust in Richtung „C".

Hugul Chungdan Paro Chirugi

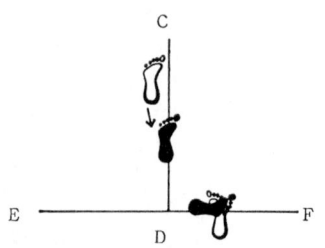

23. Den rechten Fuß zur linken Rückwärtsstellung in Richtung „C" setzen. Zugleich erfolgt ein halbhoher Fauststoß mit der linken Faust.

Hugul Chungdan Paro Chirugi

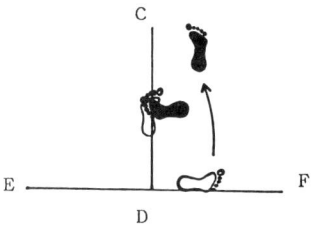

24. Den linken Fuß zur rechten Rückwärtsstellung in Richtung „C" setzen. Zugleich erfolgt ein halbhoher Fauststoß mit der rechten Faust.

Hugul Chungdan Paro Chirugi

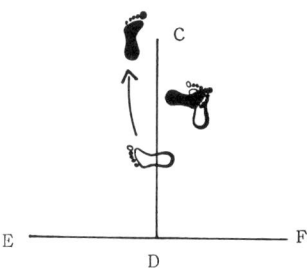

25. Den linken Fuß in Richtung „C" zur linken Vorwärtsstellung setzen. Zugleich erfolgt eine untere Abwehr mit gekreuzten Fäusten.

Chongul Hadan Kyocha Nullo Makki

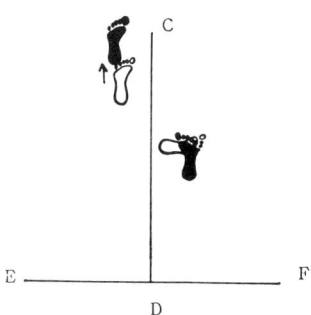

26. Den rechten Fuß in Richtung „C" zur rechten Rückwärtsstellung setzen. Zugleich erfolgt mit dem rechten Ellenbogen ein halbhoher Stoß in Richtung „C".

Hugul Chungdan Dyt Palkup Tulki

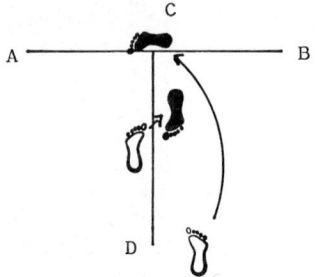

27. Auf dem rechten Fuß um 180° gegen den Uhrzeigersinn (nach links) drehen und den linken Fuß an den rechten in Richtung „B" heranziehen. Zugleich erfolgt eine halbhohe Abwehr mit der Innenseite des rechten Unterarms und eine untere Abwehr mit der Außenseite des linken Unterarms.

Chungdan An Palmok Yop Makki und Hadan Pakkat Palmok Makki in Moa Sogi

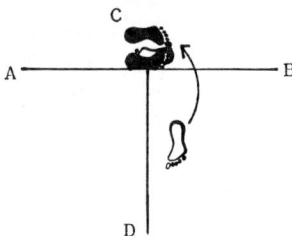

28. In der gleichen Stellung erfolgt eine halbhohe Abwehr mit der Innenseite des linken Unterarms und eine untere Abwehr mit der Außenseite des rechten Unterarms.

Chungdan An Palmok Yop Makki und Hadan Pakkat Palmok Makki in Moa Sogi

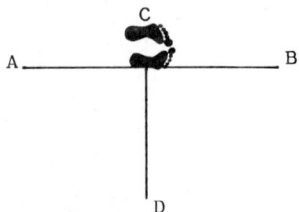

29. Den linken Fuß zur rechten Rückwärtsstellung in Richtung „B" setzen. Zugleich erfolgt ein halbhoher Schutzblock mit beiden Außenhandkanten.

Hugul Chungdan Sudo Taebi Makki

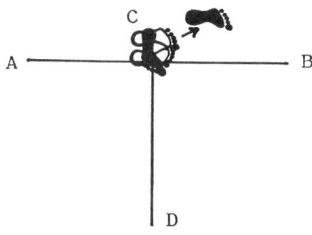

30. Den linken Fuß an den rechten heranziehen, auf dem linken Fuß im Uhrzeigersinn um 180° drehen und den rechten Fuß in Richtung „A" zur linken Rückwärtsstellung setzen. Zugleich erfolgt ein halbhoher Schutzblock mit beiden Außenhandkanten.

Hugul Chungdan Sudo Taebi Makki

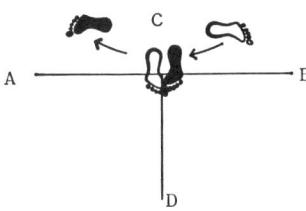

Rechtes Bein zur Ausgangsstellung zurücksetzen.

Moa Sogi

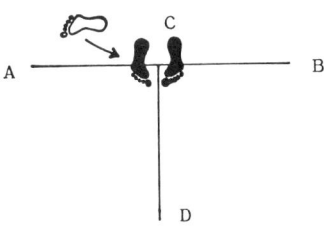

Zum besseren Verständnis haben wir die Bewegungen Nr. 24-26 noch aus einer anderen Sicht
fotografiert:

24. Hugul Chungdan Paro
    Chirugi

25. Chongul Hadan
    Kyocha Nullo Makki

26. Hugul Chungdan Dyt
    Palkup Tulki

IX. Chung-Mu Hyong

Chung-Mu war ein berühmter koreanischer Admiral, dessen richtiger Name Yi Sun-Sin war. Er war der Erfinder des ersten gepanzerten Kriegsschiffes, welches Vorläufer eines Unterseeboots war (1592 n. Chr.).
Der Angriff am Ende der Hyong, mit der linken Faust, symbolisiert seinen frühen Tod, bevor er sein Lebenswerk vollendet hatte.
Die Hyong hat 31 Bewegungen.

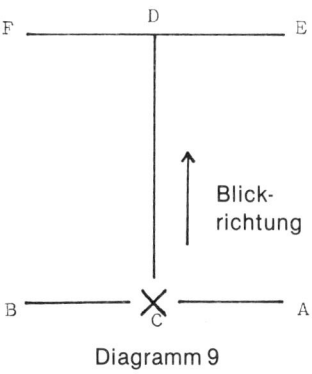

Diagramm 9

Ausgangsstellung:
Narani Chunbi Sogi

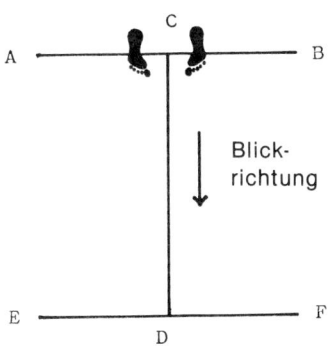

1. Linkes Bein in Richtung „B" zur rechten Rückwärtsstellung setzen. Zugleich erfolgt ein halbhoher und ein hoher Doppelblock mit beiden Außenhandkanten.

   Hugul Ssang Sudo Makki

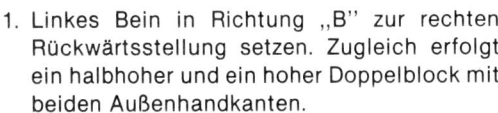

2. Rechtes Bein in Richtung „B" zur rechten Vorwärtsstellung setzen. Zugleich erfolgt eine hohe Abwehr mit der linken Handkante und ein hoher Handkantenschlag mit der rechten Hand.

Chongul Sudo Chukyo Pandae Makki und Sangdan Sudo Anuro Paro Taerigi

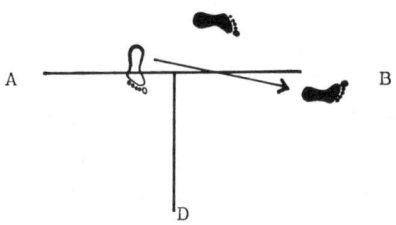

3. Auf dem linken Fuß um 180° im Uhrzeigersinn (nach rechts) drehen und den rechten Fuß zur linken Rückwärtsstellung in Richtung „A" setzen. Zugleich erfolgt ein halbhoher Schutzblock mit beiden Außenhandkanten.

Hugul Chungdan Sudo Taebi Makki

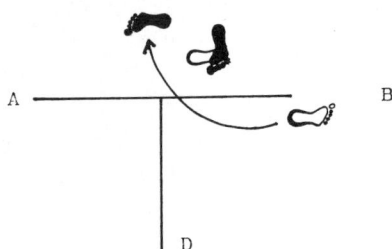

4. Linkes Bein in Richtung „A" zur linken Vorwärtsstellung setzen. Zugleich erfolgt ein hoher Fingerspitzenstoß mit der linken Hand.

Chongul Sangdan Pyongkwansu Paro Tulki

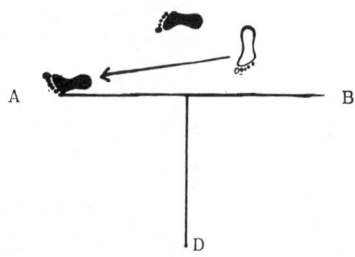

5. Auf dem rechten Fuß um 90° gegen den Uhrzeigersinn (nach links) drehen und den linken
   Fuß in Richtung „D" zur rechten Rückwärtsstellung setzen. Zugleich erfolgt mit beiden
   Außenhandkanten ein halbhoher Schutzblock.

   Hugul Chungdan Sudo Taebi Makki

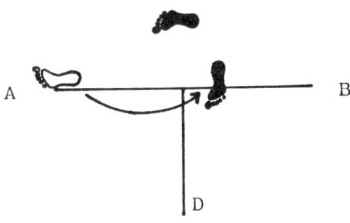

6. Auf dem linken Fuß um 180° im Uhrzeigersinn (nach rechts) drehen. Zugleich erfolgt
   ein halbhoher Seitwärtsfußstoß mit dem
   rechten Fuß in Richtung „C".

   Chungdan Yop Chagi

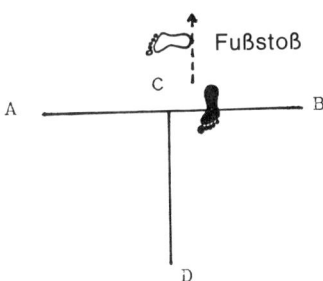

7. Auf dem linken Fuß um 180° gegen den Uhrzeigersinn (nach links) drehen und den rechten Fuß in Richtung „C" zur rechten Rückwärtsstellung setzen. Zugleich erfolgt ein
   halbhoher Schutzblock mit beiden Außenhandkanten in Richtung „D".

   Hugul Chungdan Sudo Taebi Makki

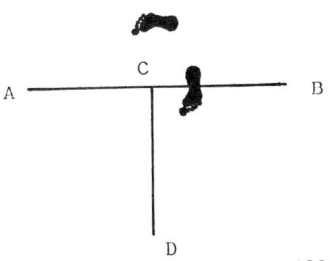

8. Den rechten Fuß einen Schritt nach vorn setzen und mit dem rechten Fuß abspringen; es erfolgt ein halbhoher, gesprungener Seitwärtsfußstoß mit dem rechten Fuß in Richtung „D".

Chungdan Tymyo Yop Chagi

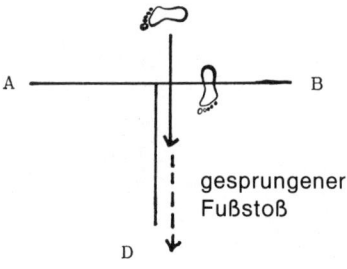

gesprungener Fußstoß

9. Landen mit dem rechten Fuß in einer linken Rückwärtsstellung in Richtung „D". Zugleich erfolgt ein halbhoher Schutzblock mit beiden Außenhandkanten.

Hugul Chungdan Sudo Taebi Makki

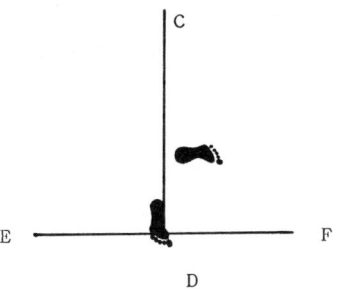

10. Auf dem rechten Fuß gegen den Uhrzeigersinn um 270° (nach links) drehen und den linken Fuß in Richtung „E" zur rechten Rückwärtsstellung absetzen. Zugleich erfolgt eine untere Abwehr mit der Außenseite des linken Unterarms.

Hugul Hadan Pakkat Palmok Pandae Makki

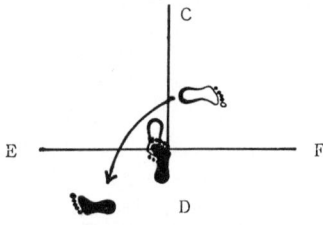

11. Den linken Fuß zur linken Vorwärtsstellung in Richtung „E" setzen. Zugleich erfassen beide Hände den Kopf des (imaginären) Gegners.

Chongul Sogi

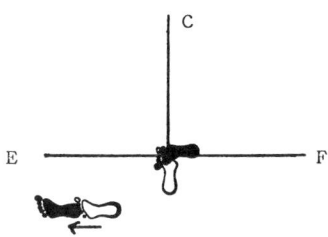

12. Die Hände ziehen den Kopf des Gegners herunter; zugleich erfolgt ein Aufwärtsstoß mit dem rechten Knie.

Murup Ap Chagi

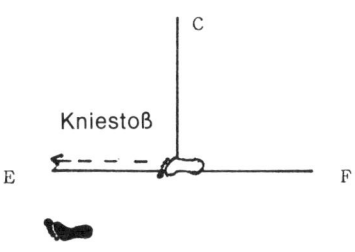

13. Den rechten Fuß am linken absetzen, dann erfolgt auf dem rechten Fuß eine Drehung um 180° gegen den Uhrzeigersinn (links herum) und der linke Fuß wird in Richtung „F" zur linken Vorwärtsstellung gesetzt. Zugleich erfolgt ein hoher Schlag seitwärts mit der rechten Innenhandkante.

Chongul Sangdan Yok Sudo Pandae Taerigi

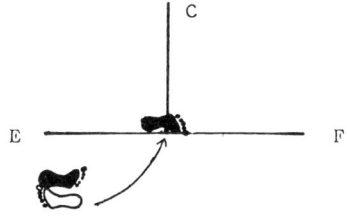

14. Mit dem rechten Fuß erfolgt ein hoher Halbkreisfußstoß in Richtung „F".

Sangdan Dolyo Chagi

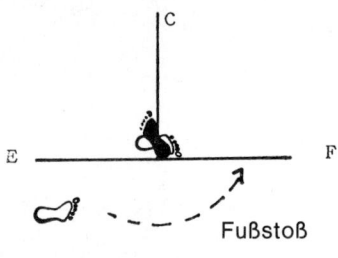

Fußstoß

15. Den rechten Fuß am linken absetzen. Auf dem rechten Fuß um 180° gegen den Uhrzeigersinn (nach links) drehen. Zugleich erfolgt ein halbhoher Rückwärtsfußstoß in Richtung „F" mit dem linken Fuß.
Führe Bewegung 14 und 15 sofort hintereinander aus!

Chungdan Dolmyo Dyt Chagi

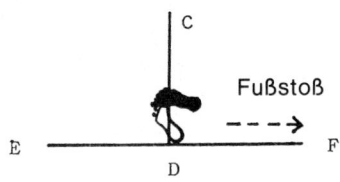

Fußstoß

16. Den linken Fuß in Richtung „F" absetzen. Dadurch entsteht die linke Rückwärtsstellung in Richtung „E". Zugleich erfolgt ein halbhoher Schutzblock mit den Außenseiten beider Unterarme.

Hugul Chungdan Pakkat Palmok Taebi Makki

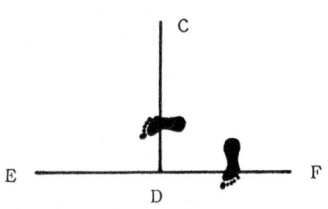

17. Mit dem linken Fuß erfolgt ein halbhoher Halbkreisfußstoß in Richtung „E".

Chungdan Dolyo Chagi

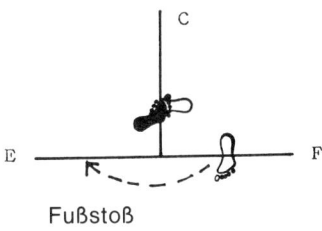

Fußstoß

18. Den linken Fuß am rechten absetzen, auf dem linken Fuß um 90° im Uhrzeigersinn (nach rechts) drehen und den rechten Fuß in Richtung „C" zur linken Rückwärtsstellung setzen. Zugleich erfolgt eine Stockabwehr mit beiden Händen, wobei die Abwehrstelle zwischen Daumen und Zeigefinger liegt.

Hugul Mongdungi Makki

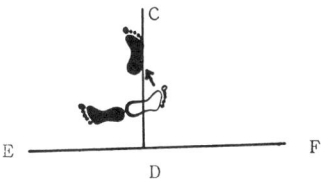

19. Es erfolgt ein Sprung in die Höhe mit einer Drehung um 360° gegen den Uhrzeigersinn und einer Landung in die linke Rückwärtsstellung in Richtung „C". Zugleich erfolgt ein halbhoher Schutzblock mit beiden Außenhandkanten.

Hugul Chungdan Sudo Taebi Makki

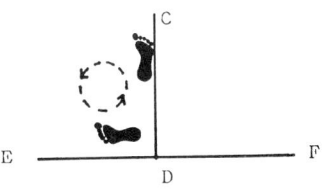

20. Linkes Bein in Richtung „C" zur linken Vorwärtsstellung setzen. Zugleich erfolgt ein
Fingerspitzenstoß mit der rechten umgedrehten Hand nach unten. Gleichzeitig wird die
linke Handkante zur rechten Schulter gebracht.

Chongul Hadan Pyongkwansu Tulki

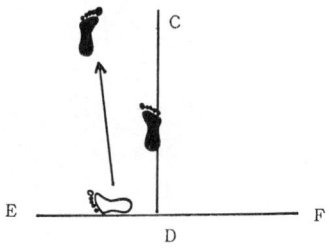

21. Den linken Fuß zur rechten Rückwärtsstellung umsetzen. Zugleich erfolgt mit dem linken Arm eine untere Abwehr in Richtung „C"
und gleichzeitig mit dem rechten Arm ein hoher Faustrückenschlag in Richtung „D".

Hugul Hadan Pakkat Palmok Makki und
Sangdan Rikwon Dyt Taerigi

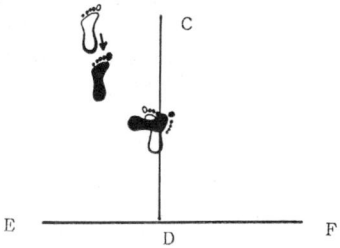

22. Rechtes Bein in Richtung „C" zur rechten
Vorwärtsstellung setzen. Zugleich erfolgt ein
halbhoher Fingerspitzenstoß mit der rechten
Hand.

Chongul Chungdan Chongkwansu Paro Tulki

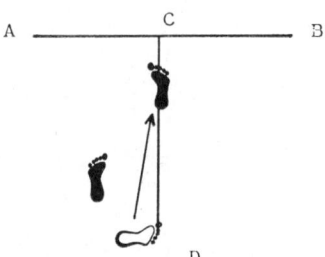

23. Auf dem rechten Fuß um 270° gegen den Uhr-zeigersinn (nach links) drehen und den linken Fuß in Richtung „B" zur linken Vorwärtsstellung setzen. Zugleich erfolgt ein hoher Unterarmdoppelblock mit dem linken Arm.

Chongul Sangdan Tu Palmok Paro Makki

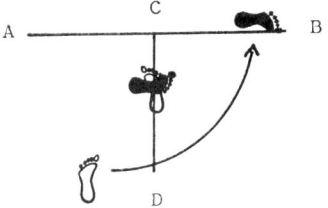

24. Den rechten Fuß in Richtung „B" zur Seit-wärtsstellung setzen. Zugleich erfolgt eine halbhohe Abwehr mit der Außenseite des rechten Unterarms in Richtung „C".

Kima Chungdan Pakkat Palmok Ap Makki

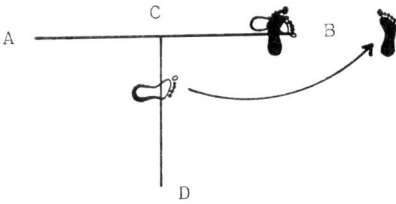

25. In der gleichen Stellung erfolgt ein hoher seitlicher Faustrückenschlag mit der rechten Faust in Richtung „B".
Führe Bewegung 24 und 25 sofort hintereinander aus!

Kima Sangdan Rikwon Yop Taerigi

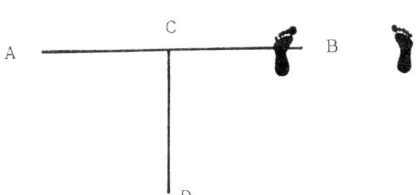

26. Mit dem rechten Fuß erfolgt ein halbhoher Seitwärtsfußstoß in Richtung „A".

Chungdan Yop Chagi

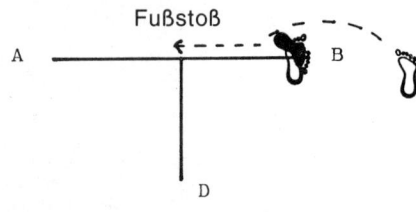

27. Den rechten Fuß in Richtung „A" zur linken Rückwärtsstellung absetzen. Sofort erfolgt ein halbhoher Seitwärtsfußstoß mit dem linken Fuß in Richtung „A".
Führe Bewegung 26 und 27 sofort hintereinander aus!

Chungdan Yop Chagi

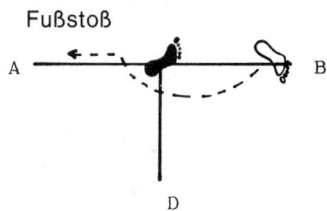

28. Den linken Fuß in Richtung „A" zur linken Rückwärtsstellung absetzen. Zugleich erfolgt eine halbhohe Abwehr mit gekreuzten Handkanten in Richtung „B".

Hugul Chungdan Sudo Kyocha Makki

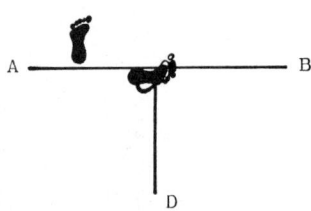

29. Linkes Bein in Richtung „B" zur linken Vorwärtsstellung setzen. Zugleich erfolgt eine
halbhohe Abwehr mit beiden Handflächen
nach oben.

Chongul Chungdan Ssang Changgwon Ollyo
Makki

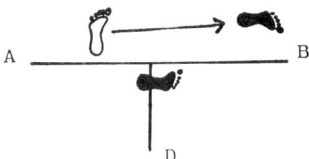

30. Im Uhrzeigersinn um 180° (nach rechts) auf
der Stelle zur rechten Vorwärtsstellung in
Richtung „A" wenden. Zugleich erfolgt eine
hohe Abwehr mit der Außenseite des rechten
Unterarms.

Chongul Chukyo Paro Makki

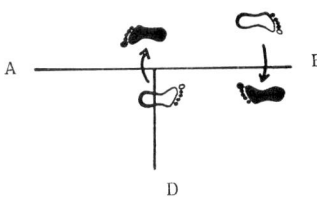

31. In der gleichen Stellung erfolgt ein halbhoher
Fauststoß mit der linken Faust.

Chongul Chungdan Pandae Chirugi

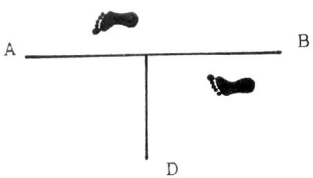

Den linken Fuß zur Ausgangsstellung heranziehen.

Narani Chunbi Sogi

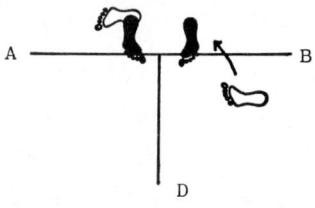

X. Gwang-Gae Hyong

Der König Gwang-Gae-T'o-Wang, 19. König der Koguryo Dynastie, eroberte alle vorher verlorengegangenen Gebiete einschließlich der Mandschurei zurück. Das Diagramm steht für die Rückeroberung der verlorenen Gebiete und die Ausdehnung Koreas.

Die 39 Jahre seiner Herrschaft werden durch die 39 Bewegungen der Hyong symbolisiert.

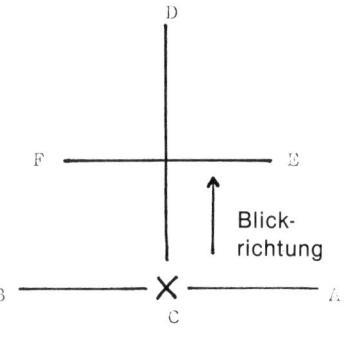

Diagramm 10

Ausgangsstellung:
Narani Chunbi Sogi

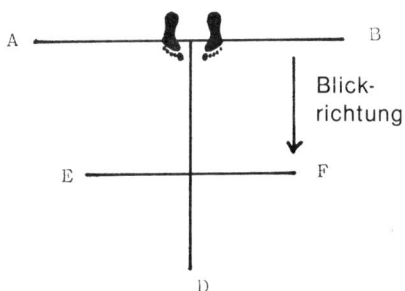

1. Beide Hände im Kreis zusammenziehen und dabei den linken Fuß vom Boden ziehen und wieder an den rechten zur geschlossenen Stellung heranziehen.

   Moa Sogi

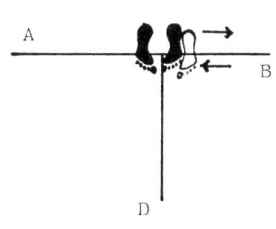

2. Den linken Fuß zur linken Vorwärtsstellung in Richtung „D" setzen. Zugleich erfolgt ein halbhoher umgedrehter Fauststoß mit der rechten Faust.

Chongul Chungdan Pandae Tyjibo Chirugi

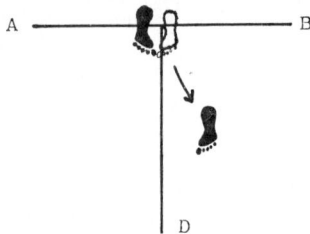

3. Den rechten Fuß zur rechten Vorwärtsstellung in Richtung „D" setzen. Zugleich erfolgt ein halbhoher umgedrehter Fauststoß mit der linken Faust.

Chongul Chungdan Pandae Tyjibo Chirugi

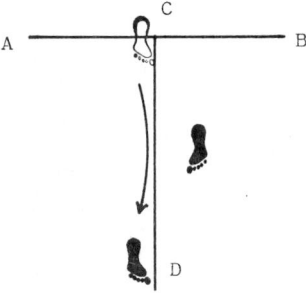

4. Den linken Fuß einen halben Schritt nach vorn und den rechten Fuß in Richtung „D" zur rechten Vorwärtsstellung setzen. Zugleich erfolgt ein hoher Hakenblock mit der rechten Handkante.

Chongul Sangdan Sudo Paro Kolchyo Makki

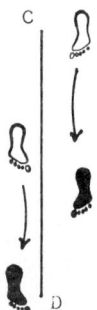

114

5. Den rechten Fuß in Richtung „C" zur rechten Rückwärtsstellung setzen. Zugleich erfolgt ein tiefer Schutzblock mit beiden Außenhandkanten in Richtung „D".
Führe Bewegung 4 und 5 sofort hintereinander aus!

Hugul Hadan Sudo Taebi Makki

6. Den rechten Fuß einen halben Schritt nach vorn und den linken Fuß in Richtung „D" zur linken Vorwärtsstellung setzen. Zugleich erfolgt ein hoher Hakenblock mit der linken Handkante.

Chongul Sangdan Sudo Paro Kolchyo Makki

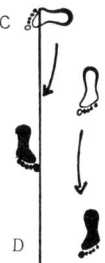

7. Den linken Fuß in Richtung „C" zur linken Rückwärtsstellung setzen. Zugleich erfolgt ein tiefer Schutzblock mit beiden Außenhandkanten in Richtung „D".
Führe Bewegung 6 und 7 sofort hintereinander aus!

Hugul Hadan Sudo Taebi Makki

8. Den linken Fuß in Richtung „D" zur kurzen rechten Rückwärtsstellung setzen. Zugleich erfolgt ein hoher Schutzblock mit beiden Außenhandkanten.

Dytpal Sangdan Sudo Taebi Makki

9. Den rechten Fuß in Richtung „D" zur kurzen linken Rückwärtsstellung setzen. Zugleich erfolgt ein hoher Schutzblock mit beiden Außenhandkanten.

Dytpal Sangdan Sudo Taebi Makki

10. Den linken Fuß einen Schritt in Richtung „D" setzen und auf dem linken Fuß gegen den Uhrzeigersinn um 180° drehen. Den rechten Fuß zur linken Vorwärtsstellung in Richtung „C" setzen. Zugleich erfolgt ein Aufwärtsblock mit der rechten Handfläche.

Chongul Changgwon Pandae Ollyo Makki

116

11. Den rechten Fuß in Richtung „C" zur rechten Vorwärtsstellung setzen. Zugleich erfolgt ein Aufwärtsblock mit der linken Handfläche.

Chongul Changgwon Pandae Ollyo Makki

12. Den linken Fuß an den rechten zur geschlossenen Fußstellung heranziehen, dann beide Hände im Kreis zusammenführen und den linken Fuß vom Boden heben und wieder an den rechten heranziehen; dabei die rechte Außenhandkante in die linke Hand bringen.

Moa Sogi

13. Mit dem linken Fuß erfolgt ein tiefer Seitwärtsfußstoß in Richtung „E".

Hadan Yop Chagi

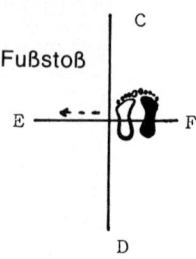

14. Mit dem linken Fuß erfolgt ein halbhoher Seitwärtsfußstoß in Richtung „E".
Führe Bewegung 13 und 14 sofort hintereinander aus!

Chungdan Yop Chagi

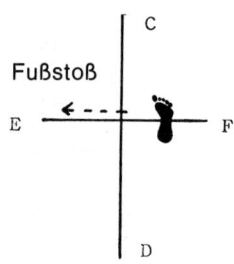

15. Den linken Fuß in Richtung „E" zur rechten Rückwärtsstellung setzen. Zugleich erfolgt mit der rechten Außenhandkante ein hoher Schlag nach innen. Die linke Faust wird vor die rechte Schulter gezogen.

Hugul Sangdan Sudo Anuro Taerigi

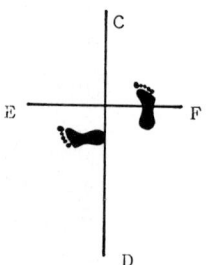

16. Den linken Fuß zur geschlossenen Fußstellung heranziehen. Zugleich erfolgt ein Abwärtsschlag mit der linken Faust (Kleinfingerseite) in Richtung „E".

Yukwon Naeryo Taerigi in Moa Sogi

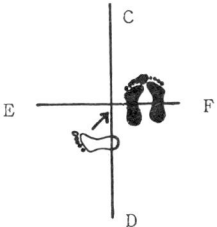

17. Mit dem rechten Fuß erfolgt ein tiefer Seitwärtsfußstoß in Richtung „F".

Hadan Yop Chagi

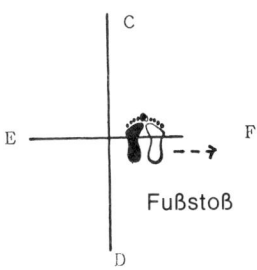

Fußstoß

18. Mit dem rechten Fuß erfolgt ein halbhoher Seitwärtsfußstoß in Richtung „F".
Führe Bewegung 17 und 18 sofort hintereinander aus!

Chungdan Yop Chagi

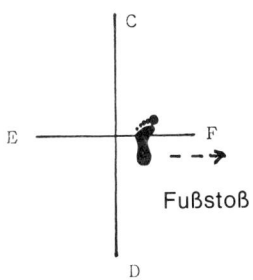

Fußstoß

19. Den rechten Fuß in Richtung „F" zur linken Rückwärtsstellung setzen. Zugleich erfolgt mit der linken Außenhandkante ein hoher Schlag nach innen — die rechte Faust wird vor die linke Schulter gezogen.

Hugul Sangdan Sudo Anuro Taerigi

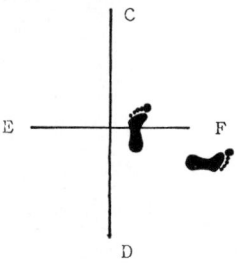

20. Den rechten Fuß zur geschlossenen Fußstellung heranziehen. Zugleich erfolgt ein Abwärtsschlag mit der rechten Faust (Kleinfingerseite) in Richtung „F".

Yukwon Nearyo Taerigi in Moa Sogi

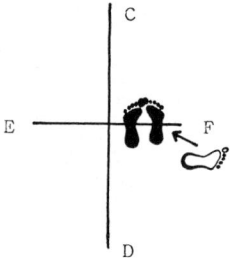

21. Den linken Fuß in Richtung „C" zur linken Vorwärtsstellung setzen. Zugleich erfolgt eine Doppelabwehr mit der rechten Handfläche nach unten und mit der linken nach oben.

Chongul Ssang Changgwon Nullo Makki

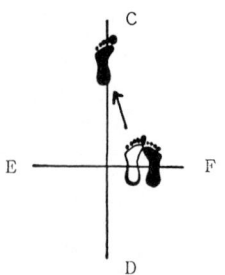

22. Den rechten Fuß in Richtung „C" zur rechten Vorwärtsstellung setzen. Zugleich erfolgt eine Doppelabwehr mit der linken Handfläche nach unten und der rechten nach oben.
Führe Bewegung 21 und 22 langsam hintereinander aus!

Chongul Ssang Changgwon Nullo Makki

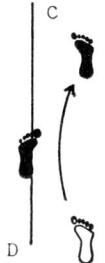

23. Auf dem linken Fuß um 90° im Uhrzeigersinn (nach rechts) drehen und den rechten Fuß stampfend in Richtung „D" zur Seitwärtsstellung setzen. Zugleich erfolgt ein hoher seitlicher Faustrückenschlag mit der rechten Faust.

Kima Sangdan Rikwon Yop Taerigi

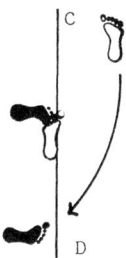

24. Den rechten Fuß zur rechten Vorwärtsstellung in Richtung „D" setzen. Zugleich erfolgt ein halbhoher Unterarmdoppelblock mit dem rechten Arm.

Chongul Chungdan Tu Palmok Paro Makki

25. In der gleichen Stellung etwas zurückrutschen. Zugleich erfolgt eine untere Abwehr mit der Außenseite des linken Unterarms. Dabei bleibt der rechte Arm in der gleichen Position wie in Bewegung 24.

Chongul Hadan Pakkat Palmok Pandae Makki

26. In der gleichen Stellung etwas vorrutschen. Zugleich erfolgt ein hoher Fingerspitzenstoß mit der rechten Hand.

Chongul Sangdan Pyongkwansu Paro Tulki

27. Auf dem rechten Fuß um 90° gegen den linken Fuß stampfend in Richtung „C" zur Seitwärtsstellung setzen. Zugleich erfolgt ein hoher seitlicher Faustrückenschlag mit der linken Faust.

Kima Sangdan Rikwon Yop Taerigi

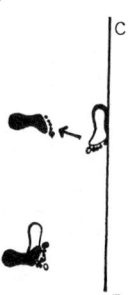

28. Den linken Fuß zur linken Vorwärtsstellung in Richtung „C" setzen. Zugleich erfolgt ein halbhoher Unterarmdoppelblock mit dem linken Arm.

Chongul Chungdan Tu Palmok Paro Makki

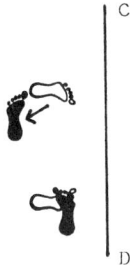

29. In der gleichen Stellung etwas zurückrutschen. Zugleich erfolgt eine untere Abwehr mit der Außenseite des rechten Unterarms — dabei bleibt der linke Arm wie in Bewegung 18.

Chongul Hadan Pakkat Palmok Pandae Makki

30. In der gleichen Stellung etwas vorrutschen. Zugleich erfolgt ein hoher Fingerspitzenstoß mit der linken Hand.

Chongul Sangdan Pyongkwansu Paro Tulki

123

31. Den rechten Fuß stampfend in Richtung „C" zur rechten Vorwärtsstellung setzen. Zugleich erfolgt ein gleichzeitiger Doppelfauststoß nach oben.

Chongul Sangdan Ssang Kwon Sewo Chirugi

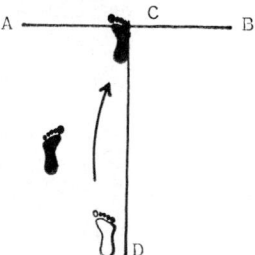

32. Auf dem rechten Fuß um 90° gegen den Uhrzeigersinn (nach links) drehen und den linken Fuß stampfend in Richtung „A" zur linken Vorwärtsstellung setzen. Zugleich erfolgt ein gleichzeitiger, umgedrehter, halbhoher Doppelfauststoß.

Chongul Chungdan Ssang Kwon Tyjibo Chirugi

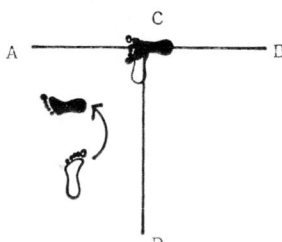

33. Mit dem rechten Fuß erfolgt ein halbhoher Fußstoß nach vorn in Richtung „A". Dabei bleibt die Armhaltung wie in Bewegung 32.

Chungdan Ap Chagi

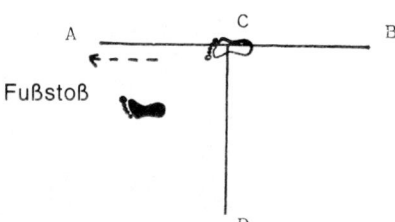

34. Den rechten Fuß neben den linken setzen. Auf dem rechten Fuß um 180° im Uhrzeigersinn (nach rechts) drehen und den linken Fuß in Richtung „A" zur linken Rückwärtsstellung setzen. Zugleich erfolgt ein halbhoher Schutzblock mit beiden Außenhandkanten in Richtung „B".

Hugul Chungdan Sudo Taebi Makki

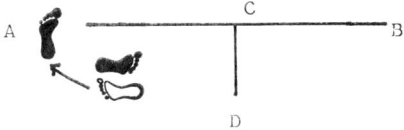

35. Den linken Fuß in Richtung „B" zur linken Vorwärtsstellung setzen. Zugleich erfolgt ein hoher Fauststoß mit der linken Faust.

Chongul Sangdan Paro Chirugi

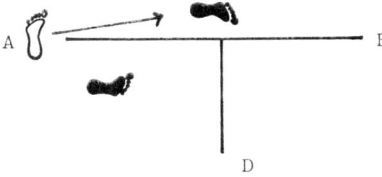

36. Den rechten Fuß stampfend in Richtung „B" zur rechten Vorwärtsstellung setzen. Zugleich erfolgt ein gleichzeitiger, umgedrehter, halbhoher Doppelfauststoß.

Chongul Chungdan Ssang Kwon Tyjibo Chirugi

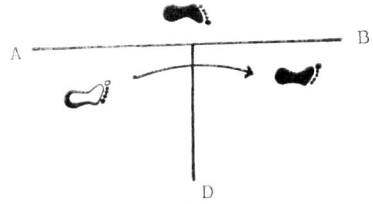

37. Mit dem linken Fuß erfolgt ein halbhoher Fußstoß nach vorn in Richtung „B". Dabei bleibt die Armhaltung wie in Bewegung 36.

Chungdan Ap Chagi

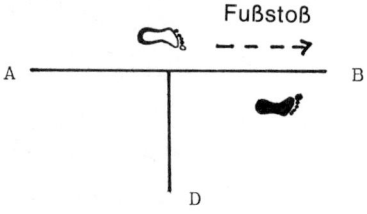

38. Den linken Fuß neben den rechten setzen. Auf dem linken Fuß um 180° gegen den Uhrzeigersinn (nach links) drehen und den rechten Fuß in Richtung „B" zur rechten Rückwärtsstellung setzen. Zugleich erfolgt in Richtung „A" ein halbhoher Schutzblock mit beiden Außenhandkanten.

Hugul Chungdan Sudo Taebi Makki

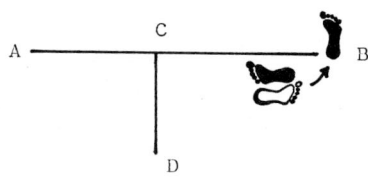

39. Den rechten Fuß in Richtung „A" zur rechten Vorwärtsstellung setzen. Zugleich erfolgt ein hoher Fauststoß mit der rechten Faust.

Chongul Sangdan Paro Chirugi

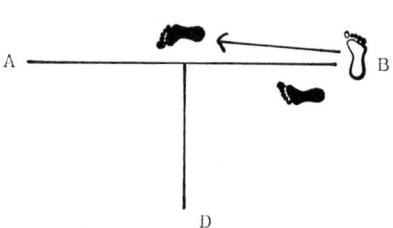

Den linken Fuß zur Ausgangsstellung zurückziehen.

Narani Chunbi Sogi

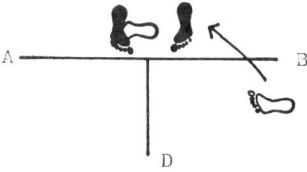

Zum besseren Verständnis wurden die Techniken Nr. 12a, 12c und 21 noch aus einer anderen Sicht fotografiert:

12a. Moa Sogi
   (Hände übereinander)

12c. Moa Sogi
   (Hände ineinander)

21. Chongul Ssang Changgwon Nullo Makki

XI. Po-Eun Hyong

Der Koreaner Chong Mong-Chu war ein treuer Untertan und ein berühmter Dichter, dessen Gedichte in Korea sehr bekannt sind. Er wurde Po-Eun genannt und lebte 1400 n. Chr. Er widmete sich auch der Forschung in der Physik.

Das Diagramm der Hyong symbolisiert als Schriftzug seine Treue zum Vaterland und zum König gegen Ende der Koryo-Dynastie. Die Hyong hat 36. Bewegungen.

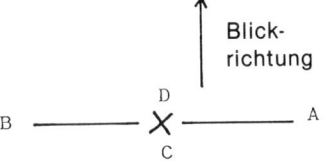

Diagramm 11

Ausgangsstellung:
Narani Chunbi Sogi

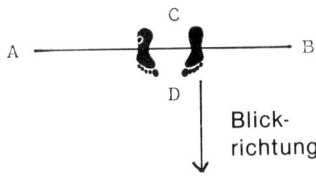

1. Den linken Fuß in Richtung „B" zur rechten Rückwärtsstellung setzen. Zugleich erfolgt ein halbhoher Schutzblock mit den Außenseiten beider Unterarme.

   Hugul Chungdan Pakkat Palmok Taebi Makki

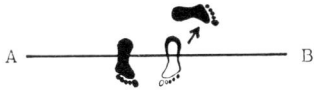

2. Auf dem linken Fuß drehen, den rechten Fuß hochziehen und die Arme nach oben bringen — zugleich den Kopf in Richtung „A" drehen.

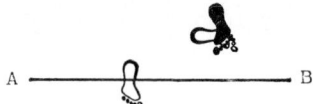

3. Mit dem rechten Fuß erfolgt ein halbhoher Seitwärtsfußstoß in Richtung „A", dabei bleiben die Arme wie in Bewegung 2.

Chungdan Yop Changi

4. Den rechten Fuß in Richtung „A" zur Seitwärtsstellung absetzen. Zugleich erfolgt ein halbhoher Schlag mit der rechten Außenhandkante.

Kima Chungdan Sudo Taerigi

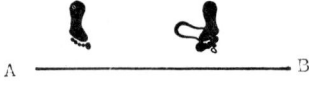

5. In der gleichen Stellung erfolgt ein horizontaler Haken mit der linken Faust.

Kima Dolyo Chirugi

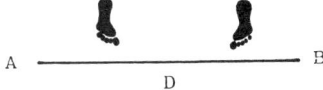

6. In der gleichen Stellung erfolgt eine halbhohe Abwehr mit der Innenseite des rechten Unterarms und eine untere Abwehr mit der Außenseite des linken Unterarms.

Kima Chungdan An Palmok Yop Makki und Hadan Pakkat Palmok Makki

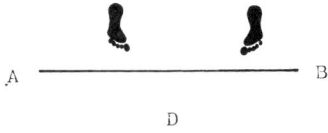

7. In der gleichen Stellung erfolgt eine halbhohe Abwehr mit der Innenseite des linken Unterarms und eine untere Abwehr mit der Außenseite des rechten Unterarms.

Kima Chungdan An Palmok Yop Makki und Hadan Pakkat Palmok Makki

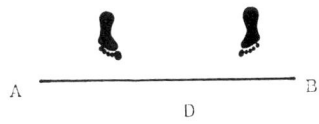

8. In der gleichen Stellung erfolgt ein halbhoher Block mit den Innenseiten beider Unterarme.

Kima Chungdan An Palmok Hechyo Makki

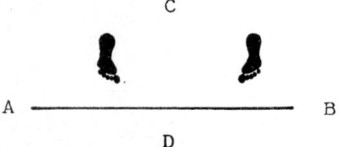

9. In der gleichen Stellung erfolgt mit dem rechten Ellenbogen ein halbhoher Stoß in Richtung „C".

Kima Chungdan Dyt Palkup Tulki

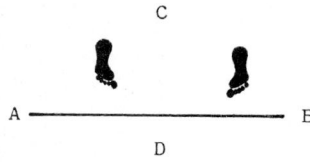

10. In der gleichen Stellung erfolgt ein halbhoher Fauststoß mit der rechten Faust.

Kima Chungdan Chirugi

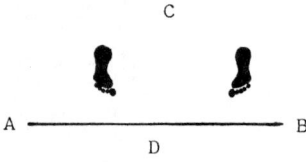

11. In der gleichen Stellung erfolgt ein halbhoher Stoß mit dem linken Ellenbogen in Richtung „C".

Kima Chungdan Dyt Palkup Tulki

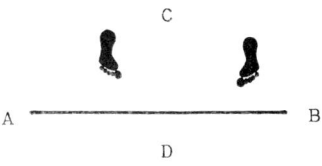

12. In der gleichen Stellung erfolgt ein halbhoher Fauststoß mit der rechten Faust in Richtung „A" und ein horizontaler Haken mit der linken Faust.

Kima Chungdan Chirugi und Dolyo Chirugi

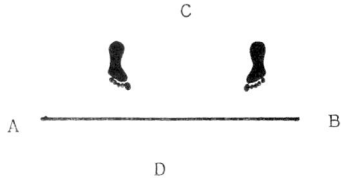

13. Den linken Fuß in Richtung „A" zur rechten Überkreuzstellung setzen. Zugleich erfolgt eine untere Abwehr mit der Außenseite des rechten Unterarms. Dabei wird der Block durch die linke Hand unterstützt.

Hadan Pakkat Palmok Makki in Kyocha Sogi

14. Den rechten Fuß in Richtung „A" zur linken Rückwärtsstellung setzen. Zugleich erfolgt eine (vorgestellte) Stockabwehr mit beiden Händen, wobei die Abwehrstelle zwischen Daumen und Zeigefinger liegt.

Hugul Mongdungi Makki

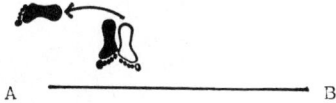

15. Den linken Fuß zur geschlossenen Fußstellung an den rechten heranziehen. Zugleich erfolgt mit beiden Ellenbogen ein Stoß nach beiden Seiten. Dabei wird der Kopf in Richtung „B" gedreht.

Ssang Yop Palkup Tulki in Moa Sogi

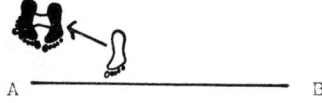

16. Den linken Fuß in Richtung „B" zur Seitwärtsstellung setzen. Zugleich erfolgt mit der rechten Faust ein hoher seitlicher Faustrückenschlag und mit der Außenseite des linken Unterarms eine untere Abwehr.

Kima Sangdan Rikwon Yop Taerigi und Hadan Pakkat Palmok Makki

17. Den rechten Fuß in Richtung „B" zur linken Überkreuzstellung setzen. Zugleich erfolgt eine untere Abwehr mit der Außenseite des linken Unterarms — dabei wird der Block durch die rechte Hand unterstützt.

Hadan Pakkat Palmok Makki in Kyocha Sogi

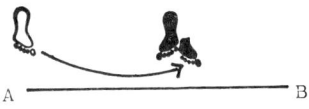

18. Den linken Fuß in Richtung „B" zur Seitwärtsstellung setzen. Zugleich erfolgt ein tiefer Schutzblock mit der linken Innen- und der rechten Außenhandkante.

Kima Hadan Yok Sudo Taebi Makki

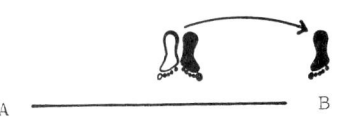

19. Den Kopf in Richtung „A" drehen und den rechten Fuß zur linken Rückwärtsstellung setzen. Zugleich erfolgt ein halbhoher Schutzblock mit den Außenseiten beider Unterarme.

Hugul Chungdan Pakkat Palmok Taebi Makki

20. Auf dem rechten Fuß drehen, den linken Fuß hochziehen, die Arme nach oben bringen, und zugleich den Kopf in Richtung „B" drehen.

21. Mit dem linken Fuß erfolgt ein halbhoher Seitwärtsfußstoß in Richtung „B". Dabei bleiben die Arme wie in Bewegung 20.

Chungdan Yop Chagi

22. Den linken Fuß in Richtung „B" zur Seitwärtsstellung absetzen. Zugleich erfolgt ein halbhoher Schlag mit der linken Außenkante.

Kima Chungdan Sudo Taerigi

23. In der gleichen Stellung erfolgt ein horizontaler Haken mit der rechten Faust.

Kima Dolyo Chirugi

24. In der gleichen Stellung erfolgt eine halbhohe Abwehr mit der Innenseite des linken Unterarms und eine untere Abwehr mit der Außenseite des rechten Unterarms.

Kima Chungdan An Palmok Yop Makki und Hadan Pakkat Palmok Makki

25. In der gleichen Stellung erfolgt eine halbhohe Abwehr mit der Innenseite des rechten Unterarms und eine untere Abwehr mit der Außenseite des linken Unterarms.

Kima Chungdan An Palmok Yop Makki und Hadan Pakkat Palmok Makki

26. In der gleichen Stellung erfolgt ein halbhoher
Block mit den Innenseiten beider Unterarme.

Kima Chungdan An Palmok Hechyo Makki

27. In der gleichen Stellung erfolgt mit dem linken Ellenbogen ein halbhoher Stoß in Richtung „C".

Kima Chungdan Dyt Palkup Tulki

28. In der gleichen Stellung erfolgt ein halbhoher
Fauststoß mit der linken Faust.

Kima Chungdan Chirugi

29. In der gleichen Stellung erfolgt ein halbhoher Stoß mit dem rechten Ellenbogen in Richtung „C".

Kima Chungdan Dyt Palkup Tulki

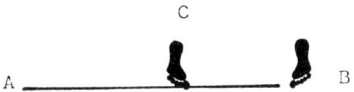

30. In der gleichen Stellung erfolgt ein halbhoher Fauststoß mit der linken Faust in Richtung „B" und ein horizontaler Haken mit der rechten Faust.

Kima Chungdan Chirugi und Dolyo Chirugi

31. Den rechten Fuß in Richtung „B" zur linken Überkreuzstellung setzen. Zugleich erfolgt eine untere Abwehr mit der Außenseite des linken Unterarms, wobei der Block durch die rechte Hand unterstützt wird.

Hadan Pakkat Palmok Makki in Kyocha Sogi

32. Den linken Fuß in Richtung „B" zur rechten Rückwärtsstellung setzen. Zugleich erfolgt eine (vorgestellte) Stockabwehr mit beiden Händen, wobei die Abwehrstelle zwischen Daumen und Zeigefinger liegt.

Hugul Mongdungi Makki

33. Den rechten Fuß zur geschlossenen Fußstellung an den linken heranziehen. Zugleich erfolgt mit beiden Ellenbogen ein Stoß nach beiden Seiten. Dabei wird der Kopf in Richtung „A" gedreht.

Ssang Yop Palkup Tulki in Moa Sogi

34. Den rechten Fuß in Richtung „A" zur Seitwärtsstellung setzen. Zugleich erfolgt mit der linken Faust ein hoher seitlicher Faustrückenschlag und mit der Außenseite des rechten Unterarms eine untere Abwehr.

Kima Sangdan Rikwon Yip Taerigi und Hadan Pakkat Palmok Makki

35. Den linken Fuß in Richtung „A" zur rechten Überkreuzstellung setzen. Zugleich erfolgt eine untere Abwehr mit der Außenseite des rechten Unterarms, dabei wird der Block durch die linke Hand unterstützt.

Hadan Pakkat Palmok Makki in Kyocha Sogi

36. Den rechten Fuß in Richtung „A" zur Seitwärtsstellung setzen. Zugleich erfolgt ein tiefer Schutzblock mit der linken Innen- und der rechten Außenhandkante.

Kima Hadan Yok Sudo Taebi Makki

Den linken Fuß zur Ausgangsstellung heranziehen.

Narani Chunbi Sogi

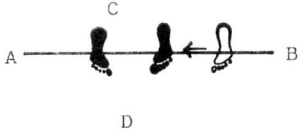

141

XII. Ge-Baek Hyong

Diese Hyong wurde nach dem großen General
Ge-Baek benannt, der ca. 660 n. Chr. lebte. Das
Diagramm der Hyong steht für seine strenge und
harte militärische Disziplin.
Die Hyong hat 44 Bewegungen.

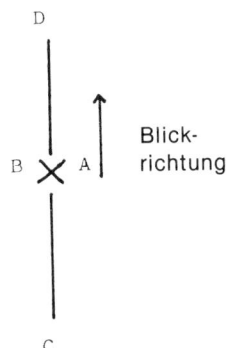

Diagramm 12

Ausgangsstellung:
Narani Chunbi Sogi

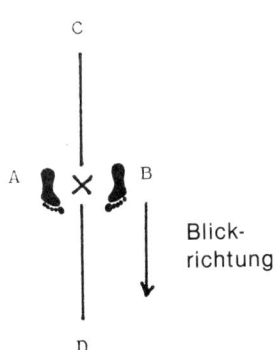

1. Den rechten Fuß in Richtung „C" zur rechten
   Rückwärtsstellung zurücksetzen. Zugleich
   erfolgt eine halbhohe Abwehr mit gekreuzten
   Handkanten in Richtung „D".

   Hugul Chungdan Sudo Kyocha Makki

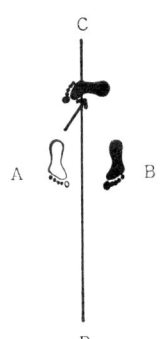

143

2. Mit dem rechten Fuß erfolgt ein tiefer Halbkreisfußstoß nach außen.

   Hadan Pituro Chagi

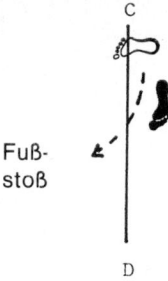

Fuß-
stoß

3. Den rechten Fuß in Richtung „D" zur rechten
   Vorwärtsstellung absetzen. Zugleich erfolgt
   ein halbhoher Fauststoß mit der rechten
   Faust.

   Chongul Chungdan Paro Chirugi

4. In der gleichen Stellung erfolgt ein halbhoher
   Fauststoß mit der linken Faust.
   Führe Bewegung 3 und 4 sofort hintereinan-
   der aus!

   Chongul Chungdan Pandae Chirugi

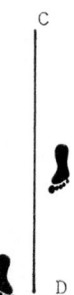

5. Den rechten Fuß in Richtung „C" zur linken Vorwärtsstellung zurücksetzen. Zugleich erfolgt eine hohe Abwehr mit der Außenseite des linken Unterarms.

Chongul Chukyo Paro Makki

6. In der gleichen Stellung erfolgt eine untere Abwehr mit der Außenseite des linken Unterarms.

Chongul Hadan Pakkat Palmok Paro Makki

7. In der gleichen Stellung erfolgt mit beiden Händen eine hohe seitliche Abwehr.

Chongul Sangdan Tu Pandal San Makki

145

8. Auf dem rechten Fuß um 180° im Uhrzeigersinn (nach rechts) drehen und den linken Fuß zur rechten Kampfstellung in Richtung „D" hochziehen.

Goburyo Chunbi Sogi

9. Den linken Fuß in Richtung „DA" zur Seitwärtsstellung setzen. Zugleich erfolgt mit der linken Handfläche ein Aufwärtsblock.

Kima Changgwon Ollyo Makki

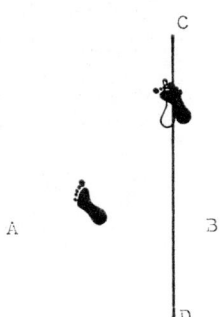

10. In der gleichen Stellung erfolgt ein halbhoher Fauststoß mit der rechten Faust.

Kima Chungdan Chirugi

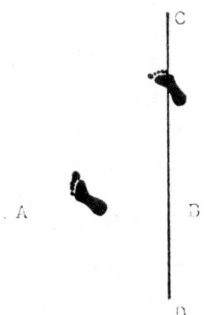

11. In der gleichen Stellung erfolgt ein Schlag mit dem Faustrücken nach vorn.

Kima Rikwon Ap Taerigi

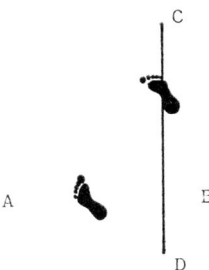

12. Den rechten Fuß etwas zurücksetzen und den linken Fuß in Richtung „C'' zur rechten Rückwärtsstellung setzen. Zugleich erfolgt ein halbhoher Schutzblock mit beiden Außenhandkanten.

Hugul Chungdan Sudo Taebi Makki

13. Mit dem linken Fuß erfolgt ein halbhoher Fußstoß nach vorn in Richtung „C''.

Chungdan Ap Chagi

147

14. Den linken Fuß in Richtung „C" zur linken Vorwärtsstellung absetzen. Zugleich erfolgt ein hoher Fingerspitzenstoß mit der linken Hand.

Chongul Sangdan Pyongkwansu Paro Tulki

15. In der gleichen Stellung erfolgt ein hoher Fingerspitzenstoß mit der rechten Hand.

Chongul Sangdan Pyongkwansu Pandae Tulki

16. Mit dem rechten Fuß erfolgt ein halbhoher Seitwärtsfußstoß in Richtung „C".

Chungdan Yop Chagi

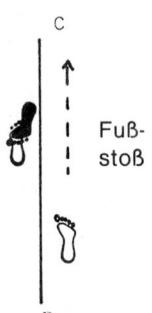

148

17. Den rechten Fuß in Richtung „C" zur rechten Rückwärtsstellung in Richtung „D" absetzen. Zugleich erfolgt ein halbhoher Schutzblock mit den Außenseiten beider Unterarme.

Hugul Chungdan Pakkat Palmok Taebi Makki

18. Auf dem linken Fuß gegen den Uhrzeigersinn um 180° (nach links) drehen und den rechten Fuß zur rechten Rückwärtsstellung in Richtung „C" setzen. Zugleich erfolgt ein halbhoher Schutzblock mit den Außenseiten beider Unterarme.

Hugul Chungdan Pakkat Palmok Taebi Makki

19. Auf dem rechten Fuß gegen den Uhrzeigersinn um 180° (nach links) drehen und den linken Fuß in Richtung „D" zur rechten Rückwärtstellung setzen. Zugleich erfolgt ein halbhoher Schutzblock mit beiden Außenhandkanten.

Hugul Chungdan Sudo Taebi Makki

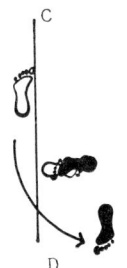

149

20. Den linken Fuß zur Seitwärtsstellung in Richtung „A" setzen. Zugleich erfolgt eine untere Abwehr mit der Außenseite des rechten Unterarms. Die Arme haben dabei die Form einer Neun.

Kima Hadan Pakkat Palmok Makki

21. Auf dem linken Fuß um 270° gegen den Uhrzeigersinn (nach links) drehen und den rechten Fuß in Richtung „D" zur linken Vorwärtsstellung setzen. Zugleich erfolgt eine untere Abwehr mit der linken Handkante.

Chongul Hadan Sudo Paro Makki

22. Mit dem rechten Fuß erfolgt ein halbhoher Halbkreisfußstoß in Richtung „C".

Chungdan Dolyo Chagi

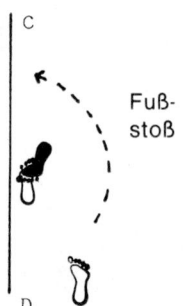

23. Den rechten Fuß in Richtung „C" absetzen und sofort einen gesprungenen Seitwärtsfußstoß mit dem rechten Fuß in Richtung „C" ausführen.
Führe Bewegung 22 und 23 sofort hintereinander aus!

Tymyo Yop Chagi

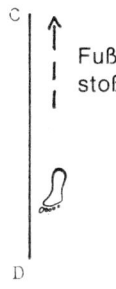

24. Den rechten Fuß in Richtung „C" zur rechten Vorwärtsstellung absetzen. Zugleich erfolgt ein gleichzeitiger Doppelfauststoß nach oben.

Chongul Sandan Ssang Kwon Sewo Chirugi

25. In der gleichen Stellung erfolgt mit beiden Händen eine hohe seitliche Abwehr.

Chongul Sangdan Tu Pandal San Makki

26. In der gleichen Stellung erfolgt ein halbhoher umgedrehter Fauststoß mit der linken Faust.

Chongul Chungdan Pandae Tyjibo Chirugi

27. Gegen den Uhrzeigersinn um 180° (nach links) auf der Stelle zur linken Vorwärtsstellung in Richtung „D" wenden. Zugleich erfolgt ein Ellenbogenstoß nach vorn mit dem rechten Arm. Dabei wird die linke Handfläche zum Ellenbogen gezogen.

Chongul Pandae Ap Palkup Tulki

28. Es erfolgt ein Sprung in Richtung „D" zur rechten Überkreuzstellung. Zugleich erfolgt ein hoher Unterarmdoppelblock mit dem rechten Arm in Richtung „D".

Sangdan Tu Palmok Makki in Kyocha Sogi

29. Den linken Fuß in Richtung „BC" zur Seitwärtsstellung setzen. Zugleich erfolgt mit
der rechten Handfläche ein Aufwärtsblock.

Kima Changgwon Ollyo Makki

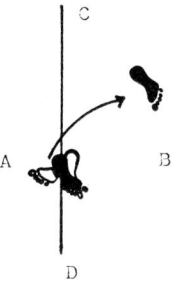

30. In der gleichen Stellung erfolgt ein halbhoher
Fauststoß mit der linken Faust.

Kima Chungdan Chirugi

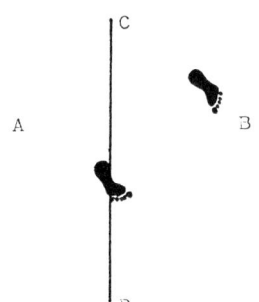

31. In der gleichen Stellung erfolgt ein Schlag
nach vorn mit dem rechten Faustrücken.

Kima Rikwon Ap Taerigi

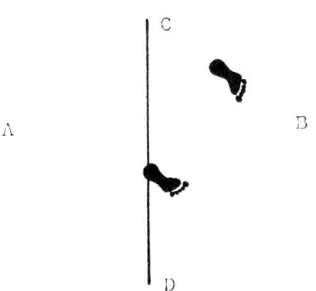

32. Auf dem rechten Fuß um 135° gegen den Uhr-zeigersinn (nach links) drehen und den linken Fuß in Richtung „C" zu linken Vorwärtsstellung setzen. Zugleich erfolgt ein hoher Schlag seitwärts mit der rechten Innenhandkante.

Chongul Sangdan Yok Sudo Pandae Taerigi

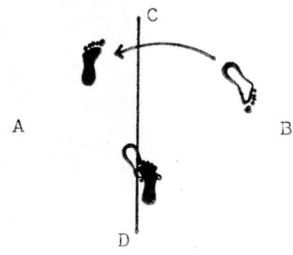

33. Den linken Fuß etwas in Richtung „A" setzen. Zugleich erfolgt ein halbhoher Halbkreisfußstoß mit dem rechten Fuß in Richtung „C".

Chungdan Dolyo Chagi

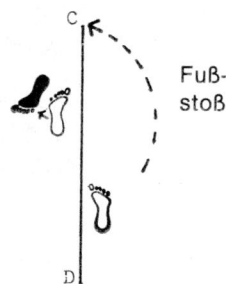

34. Den rechten Fuß in Richtung „C" absetzen. Auf diesem um 180° gegen den Uhrzeigersinn (nach links) drehen und den linken Fuß in Richtung „D" zur linken Vorwärtsstellung setzen. Zugleich erfolgt ein gleichzeitiger Doppelfauststoß nach oben.

Chongul Sangdan Ssang Kwon Sewo Chirugi

35. Den linken Fuß zur rechten Rückwärtsstellung zurückziehen. Zugleich erfolgt ein halbhoher umgedrehter Fauststoß mit der rechten Faust — dabei wird der Mittelfinger etwas vorgeschoben.

Hugul Chungdan Tyjibo Chirugi

36. Auf dem linken Fuß um 90° gegen den Uhrzeigersinn (nach links) drehen und den rechten Fuß in Richtung „D" zur Seitwärtsstellung setzen. Zugleich erfolgt eine untere Abwehr mit der Außenseite des linken Unterarms. Die Arme haben dabei die Form einer Neun.

Kima Hadan Pakkat Palmok Makki

37. In der gleichen Stellung erfolgt ein tiefer Schutzblock mit der linken Innen- und der rechten Außenhandkante in Richtung „C".

Kima Hadan Yok Sudo Taebi Makki

155

38. In der gleichen Stellung erfolgt ein tiefer Schutzblock mit beiden Außenhandkanten in Richtung „D".

Kima Hadan Sudo Taebi Makki

39. Der linke Fuß wird stampfend in Richtung „D" zur Seitwärtsstellung gesetzt. Zugleich erfolgt mit beiden Armen gleichzeitig eine hohe Seitwärtsabwehr.

Kima Sangdan Pakkat Palmok San Makki

40. Der linke Fuß wird stampfend in Richtung „C" zur Seitwärtsstellung gesetzt. Zugleich erfolgt mit beiden Armen gleichzeitig eine hohe Seitwärtsabwehr.

Kima Sangdan Pakkat Palmok San Makki

41. Den rechten Fuß in Richtung „C" zur rechten Vorwärtsstellung setzen. Zugleich erfolgt eine hohe Abwehr mit der Außenseite des rechten Unterarms.

Chongul Chukyo Paro Makki

42. In der gleichen Stellung erfolgt ein halbhoher Fauststoß mit der linken Faust.

Chongul Chungdan Pandae Chirugi

43. Gegen den Uhrzeigersinn um 180° (nach links) auf der Stelle zur linken Vorwärtsstellung in Richtung „D" wenden. Zugleich erfolgt eine hohe Abwehr mit der Außenseite des linken Unterarms.

Chongul Chukyo Paro Makki

44. In der gleichen Stellung erfolgt ein halbhoher Fauststoß mit der rechten Faust.

Chongul Chungdan Pandae Chirugi

Den rechten Fuß zur Ausgangsstellung heranziehen.

Narani Chunbi Sogi

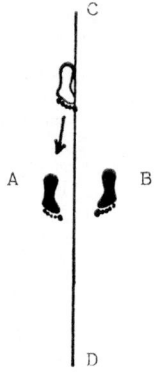